麗雲老師打造小學生故事力

百年一遇二刀流

陳麗雲 著

高年級

五南圖書出版公司 印行

目錄

搭配品德／SEL

寫給高年級的你

你喜歡讀故事嗎？

你知道閱讀有妙招嗎？

你知道如何成為更好的自己嗎？

你想知道現在的評量題型是怎樣的嗎？

來吧！一起來成為閱讀小偵探，

跟著書籍裡的故事和策略，

一步一步闖關。

總共六個關卡，

你準備好了嗎？

Let's GO！

小提醒

1. 每闖完一關可以在後面「小偵探閱讀護照」簽名呵！
2. 故事中有六張明信片，找一找在哪裡？讀一讀文句，可以記下來呵！

小偵探閱讀護照

	闖關成功	闖關失敗
第一關卡		
理解監控		
閱讀推理		
第二關卡		
圖像策略（九宮格）		
閱讀推理		
第三關卡		
推論人物特質		
閱讀推理		

闖關成功	闖關失敗

第四關卡

自我提問

閱讀推理

第五關卡

摘要策略（故事結構）

閱讀推理

第六關卡

推論策略（找不同觀點）

閱讀推理

闖關成功！

01

一百零一歲的畫家

天才是放對位子的普通人，清楚認識自己，才能創造自我價值。

美國有位家喻戶曉的「摩西奶奶」，她出生在紐約州格林威治村的一個小農場裡，本名叫安娜・瑪麗・羅伯森・摩西。

小安娜很喜歡上學，但農場的事情實在太多了，上了幾年學後，她只能輟學在家，成為道道地地的農場女傭。

每天，太陽起床後，小安娜就展開忙碌的一天，雙手幾乎停不下來。清晨，她總是第一個起床，幫忙餵雞餵鴨；午後，她會坐在果園的樹蔭下，用小本子記錄四季的變化。春天的嫩綠、夏天的金黃、秋天的火紅、冬天的雪白，都被她細心的畫了下來。

農忙時，她和大人們一起下田；農閒時，她就坐在搖椅上，一針一線的刺繡。她最喜歡繡野花和小動物，繡出來的作品栩栩如生，連鄰居們都驚嘆不已。

安娜長大後嫁給了一位農夫，生了十個孩子，不幸的是有五個孩子夭折了。生活充滿痛苦和未知的挑戰，日子即使艱辛，但她仍然哼著歌做家務。孩子們最喜歡圍在媽媽身邊，聽她講述農場裡的趣事。每當有鄰居遇到困難，安娜也總是第一個帶著自家種的蔬菜去幫忙。

歲月悄悄流逝，當安娜日復一日忙碌於柴米油鹽的家務瑣事時，孩子們也都長大成人了，小安娜也變成老安娜了，大家都喚她「摩西奶奶」。

七十六歲那年，她的手因關節炎而不能再做刺繡，家人們原本都擔心她被迫放棄喜愛的興趣後，會悶悶不樂的。一天早上，家人們卻驚訝的發現，摩西奶奶坐在院子裡，手裡握著畫筆，正專注的畫著遠處的山丘。

從那天起，摩西奶奶開始了她的繪畫生涯。她畫自家的蘋果園，畫鄰居家的乳牛，畫村裡的豐收節……在她的畫筆下，連最平凡的場景都充滿了生機和歡樂。

有一天，一位路過的藝術家在村裡的雜貨店看到了摩西奶奶的畫，驚豔不已，立刻買下了那幅畫。不久後，摩西奶奶收到了一封信，邀請她去紐約舉辦畫展。原來，那位藝術家是一位收藏家，對摩西奶奶的畫作非常欣賞。在他的大力推薦下，摩西奶奶開始步入美國畫壇。

八十歲那年，摩西奶奶第一次離開了家鄉，來到了紐約。面對熙熙攘攘的人群和高聳的大樓，她並不慌張。反而興致勃勃的拿出速寫本，把眼前的一切都畫了下來。她在紐約舉辦了個人畫展，清新淳樸、充滿大自然寧靜美好氣息的畫作，如旋風般引起轟動，許多人爭相購買她的作品。一夜之間，摩西奶奶成為美國畫壇的重量級人物。

記者們紛紛採訪她，好奇她為什麼這麼大的年紀才開始畫畫？摩西奶奶只是微笑著說：「我一直在畫啊，只是以前用的是針線，現在用的是顏料而已。」「不是我選擇繪畫，而是繪畫選擇我。」摩西奶奶喜歡畫孩子，也許是藉由繪畫來懷念自己早逝的子女，在默默的彩繪世界中，過著平靜的日子。

有些事，不是看到了希望才堅持，而是堅持了才看到希望。摩西奶奶認為繪畫成名並不是最重要的，重要的是保持充實，找到適合自己的方向，尋找到願意為它付出時間與精力，並終生喜愛能堅持的事業。

麗雲老師打造小學生故事力【高年級】～

有些事，不是看到了希望才堅持，
而是堅持了才看到希望。

五南文化事業

之後，摩西奶奶的生活變得忙碌起來。她登上《時代》、《生活》雜誌封面，作品不僅在MOMA展覽，個人展覽更從美國紐約展到歐洲的巴黎、倫敦。她往返於鄉間和城市之間，不斷創作新的作品。即使成名了，她依然保持著早起的習慣，每天清晨都要到院子裡轉一圈，觀察大自然的變化，跟大自然說說話。

有一次，她正在畫一幅冬景，忽然發現顏料用完了。她二話不說，套上大衣，頂著風雪走了半小時到鎮上買顏料。回來後，她就坐在畫架前，一坐就是三個小時。孫子問她：「奶奶，您不累嗎？」摩西奶奶笑著回答：「畫畫的時候，我感覺自己還是個小女孩呢！」當時，她已經是百歲人瑞的老奶奶了。

直到一百零一歲的高齡，摩西奶奶還在不停的作畫。那年十二月十三日，摩西奶奶平靜的在睡夢中離世。摩西奶奶去世之後，美國聯邦郵政為她發行郵票紀念，以她為題材的電影紀錄片獲得奧斯卡獎提名。二十多年的繪畫生涯中，她創作了一千六百幅作品，畫作被收藏在美國最著名的博物館裡，甚至白宮也收藏了她的作品。但對於鎮上的居民來說，最珍貴的是摩西奶奶留給他們的那份永不放棄的精神，在人們心中永遠散發著光芒。

如今，每當春天來臨，格林威治村的果園裡盛開著潔白的蘋果花。人們彷彿又能看到安娜坐在樹下，拿著畫筆，微笑著描繪眼前的美景……

02

年邁夫妻住旅館

選擇比努力更重要，選擇決定了你是什麼樣的人。

深秋的夜晚，寒風在馬路上恣意呼嘯，細雨綿綿。街道上的行人早已匆匆返家，只有幾盞昏黃的路燈在風中搖曳，為小鎮帶來一絲微弱的光亮。

在這個寒冷的夜晚，一輛老舊的轎車緩緩駛入小鎮。車裡坐著一對年邁的夫妻——約翰和瑪麗。七十八歲的約翰白髮蒼蒼，臉上布滿了歲月的痕跡。瑪麗比他小兩歲，雖然年事已高，但眼神依然溫柔如水。

他們本想趕在天黑前到達目的地，但途中遇到了一些意外耽擱了。現在，冷得發抖又疲憊不堪的他們，只想找個地方安頓下來。約翰小心翼翼的將車停在一家看起來還算體面的小旅館前。「親愛的！我們到了。」他輕聲的對瑪麗說，然後艱難的下了車，拿出他們簡單的行李。瑪麗也慢慢的下車，緊緊拉住身上單薄的外套。

他們推開旅館的玻璃門，一陣溫暖香甜的空氣迎面撲來，讓兩人不由得鬆了一口氣。櫃檯前站著年輕的接待員

湯姆。精神抖擻的他臉上帶著幾分稚氣，但眼神裡透露出善良和成熟的氣息。

「晚安！先生、女士。」湯姆微笑著迎接他們。「有什麼可以幫到您們的嗎？」約翰以手撐著櫃檯，有些氣喘吁吁的說：「你好！我們需要一個房間過夜。」湯姆的笑容凝固了。他看了看電腦螢幕，又看了看這對老人，臉上露出為難的神色：「非常抱歉，先生。我們今晚的客房都已經客滿了。」

聽到這個消息，老夫妻的臉上都露出了失望和疲憊的神色。瑪麗輕輕拉了拉約翰的袖子，柔聲說：「沒關係的，親愛的。我們再找找其他地方吧。」湯姆看著老人顫抖的手和蒼白的臉色，心裡一陣不忍。他知道：在這個寒冷的夜晚，讓這對高齡夫婦再去外面尋找住處，是多麼殘忍的一件事。他猶豫了一下，然後做出了一個決定。

「等等！」湯姆叫住了正要轉身離開的老夫妻。「我想我們還是有個房間的。請跟我來。」湯姆帶著老夫妻走上樓梯，來到二樓盡頭的一個房間。他打開門，微笑著說：「這個房間可能不是最好的，但至少乾淨舒適。您們可以在這裡好好休息一晚。」

約翰和瑪麗走進房間，驚喜的發現這裡不僅乾淨整潔，而且溫馨如家。床單潔白如雪，窗簾素雅大方，房內擺設很有藝術氣息，還有一個小陽臺可以看到遠處的山景。

「太感謝你了，孩子。」約翰握住湯姆的手，眼中含著淚水：「這對我們來說已經很完美了。」瑪麗也含著淚點頭附和：「是啊，你真是個好孩子。願上帝保佑你。」湯姆被二位老人真摯的感激弄得有些不好意思，他笑著說：「不用客氣。祝您們有個安穩的夜晚，有什麼需要隨時告訴我。」

第二天早晨，陽光明媚，鳥鳴啁啾，驅散了昨夜的寒意。老夫妻精神煥發的來到大廳準備結帳。湯姆微笑著迎接他們：「早安，二位。希望您們昨晚休息得不錯。」「太棒了，孩子。」約翰笑著說：「我們很多年沒睡得這麼舒服了。現在，讓我們結清房費吧。」湯姆搖了搖頭：「不用了，先生。因為……那其實是我的房間。」

老夫妻驚訝的看著他，湯姆繼續解釋道：「昨晚我們確實客滿了。但我不忍心讓您們在這種天氣再出去找住處，所以就把自己的房間讓給了您們，而我就在櫃檯的沙發上過了一夜。」

聽完湯姆的話，約翰和瑪麗都感動得說不出話來。瑪麗握住湯姆的手，淚水在眼眶中打轉：「孩子，你是我們見過最好的人。你的豪氣善良一定會得到回報的。」約翰也拍了拍湯姆的肩膀：「年輕人，你有一顆黃金般閃亮的心。我相信你將來一定會有大成就。」湯姆被老人真摯的祝福弄得有些不好意思，他笑著說：「這沒什麼，我只是做了應該做的事。祝您們旅途愉快！」

目送老夫妻離開後，湯姆很快就將這件事拋在了腦後，繼續專注於他的工作。幾個月後的某一天，湯姆收到了一封意想不到的信。信封裡有一張去紐約的單程機票和一個神祕的地址。這引發了湯姆的好奇心，他按照指示來到了紐約，發現自己站在一座金碧輝煌的摩天大樓前。

在接待大廳裡，湯姆驚訝的看到了那對老夫婦。約翰熱情的握住他的手：「歡迎，湯姆！我想你一定很困惑，讓我來解釋一下。」

原來，約翰是一位低調的億萬富翁，那晚他和妻子是在考察

投資的機會時，偶然去到那個小鎮的。湯姆的善良和專業讓他們留下了深刻的印象。「年輕人，你的溫暖性格和優秀能力讓我們相信你會是最佳的人選。」約翰微笑著說：「我們決定在這裡開一家新的豪華旅館，而我希望你能成為這家旅館的總經理。」

湯姆驚呆了，他不敢相信自己的耳朵：「先生，我……我……我不知道該說什麼。這太令人難以置信了！」瑪麗溫柔的說：「親愛的，你值得這個機會。你的善良和敬業精神感動了我們。我們相信你一定能把這家旅館管理得很好。」

就這樣，湯姆成為了這家新豪華旅館的總經理。在接下來的日子裡，他始終秉持著那份善良和專業的精神，將這家旅館經營得蒸蒸日上，成為了旅館業的傳奇人物。

小偵探閱讀遊戲闖關，開始

閱讀妙招一：理解監控

高年級的閱讀者要像偵探福爾摩斯一樣，能仔細觀察，進行推理，還能夠知道自己的狀況，運用策略方法解決問題。我們可以這麼做：

✳自我評估

一邊閱讀一邊檢查自己有沒有讀懂（全部都懂？部分懂部分不懂？全部不懂？）**如果有不懂的地方，問題是在哪裡**。（是字詞還是句子？或是內容？）

✳運用策略

確認問題後，想想之前學過的方法，**有沒有能解決問題的策略**，運用哪一種方法比較可以幫助自己理解。

我讀懂沒？

讀懂了！ → 繼續讀！

沒讀懂！ → 哪裡不懂？（字、詞或句） → 運用策略幫助理解（如：放慢速度、利用上下文做推論……） → 使用方法效果評估

	學過的閱讀方法
	自己的經驗或印象
	放慢速度重讀一次
	拆字組詞
	上下文推論
	部首、部件
	利用熟字
	查詢字辭典或網路資料
	其他自己想到的方法

例如：

◆小安娜很喜歡上學，但農場的事情實在太多了，上了幾年學後，她只能輟學在家，成為道道地地的農場女傭。

這一段讀懂了嗎？哪裡不懂？

▼**自我評估**→詞語不懂（**輟學**）

▼**運用策略**→透過「上下文推論」，知道「輟學是在家幫忙農場的事情，半途休學。」

◆ 深秋的夜晚，寒風在馬路上恣意呼嘯，細雨綿綿。

這一句讀懂了嗎？哪裡不懂？

▽ **自我評估**↓句子不懂（寒風在馬路上恣意呼嘯～是什麼意思？）

▽

運用策略幫助理解

部首、部件	呼嘯：都是口部，所以跟嘴巴有關。
利用熟字	呼嘯：認識「呼」，這就是熟字↓呼叫、呼喊。
自己的經驗或印象	天氣很冷，聽過寒風呼呼吹的聲音。
放慢速度重讀一次	寒風呼嘯，是用了轉化修辭。

第一關卡

換我做做看

讀一讀前二篇故事，若有不懂的地方，先做記號，再運用上面教導的理解監控方法，試著自己讀懂，成為學習的主人。

找不懂

↓

做記號

↓

用方法

↓

回句中

↓

再檢視

閱讀推理

1 （　）下列哪一個選項，前後「　」中的國字相同？

①家「ㄩˋ」喻戶曉／猶「ㄩˋ」一下。

②細心記「ㄌㄨˋ」／生活忙「ㄌㄨˋ」。

③「ㄏㄠˊ」華酒店／「ㄏㄠˊ」氣善良。

④真摯祝「ㄈㄨˊ」／一「ㄈㄨˊ」畫作。

2 （　）下列哪一個詞語的意思與其他三者不同？

①悶悶不樂　②心事重重　③愁眉不展　④小心翼翼

3 （　）「摹寫法」就是把自己對事物的視覺、聽覺、味覺、嗅覺或觸覺，運用文字形容、描述出來的修辭方法。下列哪一個選項對摹寫修辭的說明不正確？

①春天的嫩綠、夏天的金黃、秋天的火紅、冬天的雪白，都細心畫下來。——觸覺摹寫

②他們推開旅館的玻璃門，一陣溫暖香甜的空氣迎面撲來。——嗅覺摹寫

③陽光明媚，鳥鳴啁啾，驅散了昨夜的寒意。——聽覺摹寫

④格林威治村的果園裡盛開著潔白的蘋果花。——視覺摹寫

4 （　）「有些事，不是看到了希望才堅持，而是堅持了才看到希望。」關於上面的句子，下列敘述何者正確？

① 有些事，看到希望才能堅持。

② 有些事，看不到希望就無法堅持。

③ 有些事，堅持也看不到希望。

④ 有些事，堅持到底才會看到希望。

5 （　　）〈年邁夫妻住旅館〉故事中的湯姆，是一個怎麼樣的人？

① 孝悌友愛　② 心地善良　③ 誠實信用　④ 廉潔自持

6 你認為摩西奶奶有哪些值得學習的地方？說說你的看法。

7 讀完故事後，你覺得摩西奶奶和湯姆有什麼共同點？說說你的看法？

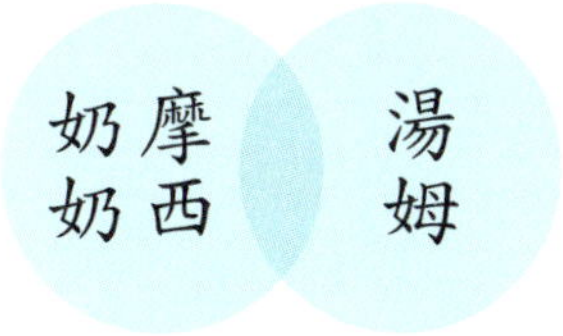

范氏圖：可以找出二者相同的地方。

03 百年一遇二刀流

天賦，是千萬次重複所累積的力量。

　　穿梭在棒球場上的身影，如同一道閃電，劃破傳統的藍天——日籍棒球選手大谷翔平，改寫了棒球歷史的奇蹟。從日本岩手縣奥州市崛起的他，彷彿注定要成為這個世代最耀眼的棒球之星，年年締造驚人紀錄，將棒球運動推向新高度，被譽為百年難得一見的棒球奇才，以及投打俱優的「二刀流」。

大谷翔平於一九九四年，出生在一個平凡的小城市，是家中第三個孩子。他從小學開始練習棒球，父親大谷徹曾經是半職業棒球選手，成為他人生最初的棒球教練，嚴格如師，卻又如燈塔般照亮兒子的夢想。父親不僅傳授技術，更教導他對比賽的尊重與熱愛。那些年的嚴厲訓練，如同雕刻師細細雕琢藝術品，為大谷的未來打下堅實基礎。多年以後，大谷翔平在父親面前第一次登上美國職棒大聯盟的舞臺時，說自己從父親身上學到最重要的一件事，就是對比賽要全力以赴。

大谷翔平一旦設定明確的目標後，便會積極努力的實現它們。他很早就清楚自己的人生目標：成為世界一流的棒球選手。高中時期，他以「九宮格思考法」作為將目標與夢想具體化的獨特祕笈。例如：他期許自己超越偶像菊池雄星（高中參加日本職棒選秀被六個球團指名第一），便以「八個球團第一指名」為目標。他以超越常人的精準度，將目標分析、解構，宛如一位策略大師在下盤精妙的棋。「八個球團第一指名」的夢想，被他拆解成八個子目標：體格、控球、球質、心理、球速（一百六十公里／時）、人品、運氣和變化球。每一個目標，都有嚴密的實踐藍圖，嚴格的身體力行，彷彿為自己量身打造一座成功的金字塔。

高中時，他遇到了改變人生的佐佐木總教練，如同命運的靈魂導師。教練要求每個球員審視自我，詳細列出目標和需要加強的能力。從那時期開始，大谷就展現出超乎尋常的自我要求。大谷的自律，彷彿一臺永不停歇的機器，訓練猶如呼吸，已融入骨髓。對大谷來說，近乎苛刻的訓練是最基本的日常。清晨、黃昏，無論寒暑，他堅持不懈的身影，宛如一尊不倒的鐵人。他會訓練全身各部位肌肉，無論賽季還是休賽期，各種重訓、揮棒、投球練習都鍛鍊得極其認真且徹底，堅持做到極致。每天攝取超過四千五百卡路里的營養餐，每天能吃十碗飯，十小時的睡眠，都是他精進的必然。他曾說，每天看見自己的進步，是件非常有趣的事。

高中畢業時，大谷已長到一百九十四公分，高大的身軀彷彿一座移動的雕像，卻擁有令人驚嘆的靈活。大谷被以右投左打的方式培養著，這並不尋常，但是多年下來由於身體兩側的施力平均，反而讓他得以在棒球的最高殿堂，不管投球或打擊都有優異的表現。左右開弓的投打風格，打破了棒球場的傳統壁壘。年少時，左打的揮棒方式將許多球打進了外野牆外的河裡，這個窘境不曾磨滅他的鬥志，反而成為大谷不斷突破自我的動力。艱難的反方向揮棒訓練，如同一場不斷顛覆自我的修行。

高大的體格和在球場上優異的表現，讓大谷逐漸成為當地的傳奇人物。隨著他在球隊上的地位逐漸提升，佐佐木教練更在意的不是技術，而是球員們要保持著謙遜的態度。即便已是球隊王牌，他也被要求和其他投手一樣，輪流打掃廁所。因為教練希望他們能學會腳踏實地，不要因為身為比賽的焦點就忘了自己的身分。所以，在大谷身上看不到一點架子，在戰場上他從不邀功，把所有的成就都歸功於隊友和球隊。

美國職棒大聯盟的舞臺，成為他夢想實現的璀璨殿堂。二〇一八年加入洛杉磯天使隊，他以罕見的「二刀流」姿態震撼棒球世界——既是王牌投手，也是聯盟全壘打王。然而，成長之路並非一帆風順。二〇一九年，他因右手肘手術整季未能出賽，二〇二〇年僅投了兩場比賽。右手肘手術、比賽中的低潮，不曾成為大谷的絆腳石，反而成為磨刀石，讓他愈挫愈勇。

對大谷而言，這些低谷都是蛻變的機會。他深知，許許多多生命的奇蹟，都需要時間與耐心慢慢凝鍊。當困難和失敗發生時，那些時刻就是成長的機會。現實不會因為失望和悲傷而改變，關鍵在於如何面對困難，如何從低潮時刻重新學習並積極克服。二〇二一年，他成功重返賽場，二〇二四年，儘管因手傷無法投球，他卻在打擊上締造生涯巔峰，令人嘆為觀止。

二〇二四年十月底的世界大賽，大谷用行動詮釋何為「英雄」。大谷效力的道奇隊對陣紐約洋基。在第二戰，他在盜壘時不幸左肩半脫臼。然而，他沒有退縮，依然堅定的告訴隊友：「這是世界冠軍的好徵兆。」那一刻，不僅是體育精神的完美詮釋，更是生命韌性的極致展現。在傷後第四戰敲出令人不可置信的首支安打。最終，道奇隊在一度落後五分的情況下，神奇戲劇化的逆轉勝，獲得冠軍。這一年，大谷翔平三十歲，是他轉到道奇隊的首年，完成了世界大賽冠軍的夢想，戴上耀眼的冠軍戒，走出人生的輝煌。

二〇二四這一年，大谷創造了五十四轟五十九盜的驚人紀錄，獲得了年度MVP，打破了前輩們的想像，讓人對他肅然起敬。有人說：他做的是史上絕對沒有人辦到過的事，連「棒球之神」貝比．魯斯也沒有。鈴木一朗也說：「大谷翔平是一個比我更好的打者。」王貞治則讚嘆：「每當我打開電視，就會看到他打出全壘打。」在這個時代，大谷不只是一位球員，更是一個跨越文化、突破限制的夢想實踐者。

在棒球場上，幾乎沒有對手不喜歡大谷。身為一個來自亞洲的球員，他不僅站穩了美國大聯盟舞臺，還持續締造超乎想像的成就。他出色的人際關係，為團隊帶來溫暖的凝聚力和向

B
S
O

麗雲老師打造小學生故事力【高年級】～

夢想不是遙不可及的幻想，而是需要一步步用汗水和堅持去實現的目標。

五南文化事業

心力。回顧大谷的成功，不僅是天賦的傳奇，更是堅持不懈的奇蹟，孜孜矻矻努力的結果。

大谷翔平不僅是棒球的傳奇，更是夢想的教科書，用近乎瘋狂的堅持與行動，詮釋了夢想的真諦，書寫璀璨的篇章。原來，夢想不是遙不可及的幻想，而是需要一步步用汗水和堅持去實現的目標。大谷翔平——百年一遇的棒球詩人，用汗水與堅持，編織屬於自己的「二刀流」棒球神話。

04

男孩與釘子

生活的高手，從不會讓情緒控制自己，絕對有掌控情緒、自我管理的智慧。

午後，和煦的陽光慵懶的灑在古奧家後院的木柵欄上，為粗糙的木紋鍍上一層溫暖的金黃。此時的寧靜卻被一陣歇斯底里的怒吼打破。

「我不要！我就是不要！」古奧的臉漲得通紅，像是熟透的蘋果，臉頰上的雀斑也彷彿在顫動。他的小拳頭緊緊握著，指節泛白，整個身子因憤怒而微微發抖。媽媽溫柔的勸導在他耳中卻成了刺耳的噪音，他猛地轉身，「砰」的一聲把房門重重關上，門框都為之震動。

躲在房間裡的古奧把自己摔進床墊，淚水不自覺的在眼眶打轉。他知道自己又闖禍了，但那股無名火就是控制不住，像是體內有一隻躁動的野獸在咆哮。這樣的情況幾乎每天都在上演——課堂上，因為解不出數學題目就把課本摔在地上；下課時，因為遊戲輸了就對同學破口大罵；放學後，因為想買玩具被拒絕就一路鬧脾氣。

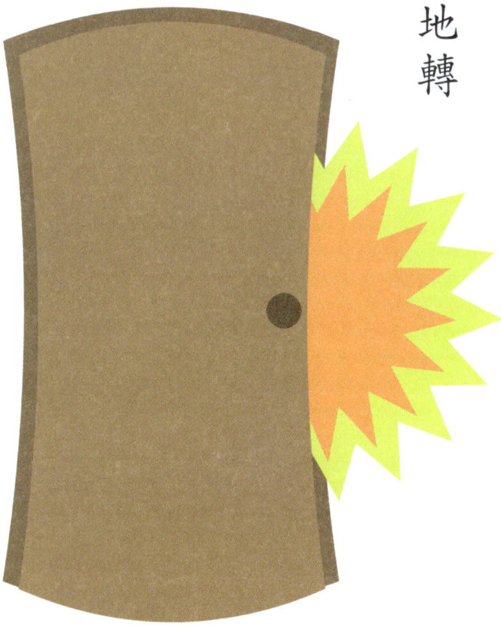

班上的同學開始躲著他，連午餐時間都不願和他同桌。就連最要好的喬伊，在被他無緣無故罵了幾次後，也開始刻意保持距離。每當氣消之後，看著周圍狼藉的場面，或是同學們疏離的眼神，古奧的心就像被細針扎著般難受，可是下一次，他還是會重蹈覆轍。

一天放學後，古奧拖著沉重的步伐走向家門，驚訝的發現爸爸竟然提早回來了。爸爸手裡拿著一個沉甸甸的紙袋，臉上既沒有往常的責備，也沒有失望，反而帶著一絲若有所思的神情。

「古奧，」爸爸蹲下身，平視著他的眼睛，溫和的說：「這裡有一包釘子，從今天開始，每當你發一次脾氣，就要拿著鐵鎚，在後院的柵欄上釘一根釘子。」

古奧接過沉甸甸的紙袋，心中充滿困惑。第一天，他的脾氣依舊暴躁如常。上學遲到被老師說了幾句，他就把書包重重摔在地上；湯姆不小心碰倒了他的鉛筆盒，他立刻破口大罵；放學回家時被同學超越，他氣得把腳踢得砰砰作響。

那天傍晚，古奧足足釘了三十七根釘子！握著鐵鎚的手掌因為不熟練如何施力而起了水泡，手臂痠痛不已，額頭上冒出了細密的汗珠。望著柵欄上密密麻麻的釘子，在夕陽下投下長長的陰影，古奧第一次真切的意識到自己的脾氣原來這麼糟糕。晚上躺在床上，他的手還在隱隱作痛，心裡也泛起一陣陣酸澀。

漸漸的，古奧開始注意控制自己的情緒。當他感到怒氣上湧時，會先深深的吸一口氣，默數到十，感受空氣緩緩充滿胸腔。有時他會跑到操場上狂奔幾圈，讓憤怒隨著汗水蒸發。他驚訝的發現，原來控制脾氣比釘釘子容易多了！

第二個星期，他只釘了十五根釘子。每一次想要發脾氣時，他都會想起那些讓手掌發疼的時刻，想起柵欄上醜陋的釘子。第三個星期更只有釘五根釘子，進步得連老師都忍不住在班上稱讚他。

看到兒子的轉變，爸爸欣慰的摸摸他的頭：「如果你能整整一天都不發脾氣，就可以拔掉一根釘子。」這個新任務讓古奧充滿期待，彷彿看到了一個嶄新的目標。當他好不容易控制住情緒，成功度過第一個零生氣的一天，拔下第一根釘子時，那種成就感讓他忍不住在後院歡呼雀躍。

春去秋來，轉眼間柵欄上的釘子越來越少。古奧不但學會了控制脾氣，說話的語氣也變得溫和了許多。同學們漸漸發現他的改變，開始願意主動和他說話，邀請他一起玩耍。喬伊更是驚喜的發現，曾經動不動就發火的古奧，現在居然會在他心情不好時安慰他。

終於有一天，最後一根釘子也被拔了下來。看著陽光下的木柵欄，古奧得意的向爸爸報告這個好消息，臉上洋溢著驕傲的笑容。

爸爸牽著他的手，來到柵欄前，目光中充滿慈愛。「兒子，你真的很棒！」爸爸輕撫著柵欄表面說：「不過你看，這些釘子雖然都拔掉了，但是留下了這麼多小洞。」他的語氣轉為深沉，「這些洞就像是你發脾氣時，說出的傷人話語在別人心上留下的傷痕。就算你後來道歉了，那些傷痕還是會一直存在。」

古奧摸著柵欄上坑坑洞洞的痕跡，心裡一陣絞痛。他想起了喬伊受傷的眼神，想起媽媽擔憂的表情，想起那些曾經被他傷害過的同學們。他終於明白，發脾氣不只會傷害自己，更會在關心他的人心上留下無法磨滅的傷痕。

從那天起，古奧不但徹底改掉了壞脾氣，還特別注意用溫暖的話語去安慰、鼓勵身邊的人。後院的木柵欄雖然傷痕累累，卻成了他最寶貴的老師，永遠提醒著他：控制情緒不只是為了自己，更是為了不讓愛他的人受傷。

在往後的日子裡，每當古奧經過後院，看著那些釘孔在陽光下投下的細小陰影，他都會感激這些傷痕教會他的人生功課。而那個曾經動不動就發脾氣的小男孩，已經成長為一個懂得關愛他人、善解人意的大男孩了。

小偵探閱讀 遊戲闖關，開始

閱讀妙招二：圖像策略（九宮格）

運用圖像分析故事，整理出文章內容，可以讓我們掌握重點。大谷翔平採用「九宮格」實現目標，一步步完成夢想。據說為臺灣拿下史上首面奧運柔道獎牌的楊勇緯，也運用「九宮格」，具體寫下要奪得奧運金牌的要素，分別包含「自信心、技術、想法、團隊信任、力量體格、心理、人際關係、運氣」等八項。

柔軟性
体づくり
RSQ 130kg
リリースポイントの安定
コントロール
不安をなくす
力まない
キレ
下半身主導
スタミナ
可動域
食事 夜7杯 朝3杯
下肢の強化
体を開かない
メンタルコントロールをする
ボールを前でリリース
回転数アップ
可動域
はっきりとした目標、目的をもつ
一喜一憂しない
頭は冷静に心は熱く
体づくり
コントロール
キレ
軸でまわる
下肢の強化
体重増加
ピンチに強い
メンタル
雰囲気に流されない
メンタル
ドラ1 8球団
2010.12.6
スピード160km/h
体幹強化
スピード160km/h
肩周りの強化
波をつくらない
勝利への執念
仲間を思いやる心
人間性
運
変化球
可動域
ライナーキャッチボール
ピッチングを増やす
感性
愛される人間
計画性
あいさつ
ゴミ拾い
部屋そうじ
カウントボールを増やす
フォーク完成
スライダーのキレ
思いやり
人間性
感謝
道具を大切に使う
運
審判さんへの態度
遅く落差のあるカーブ
変化球
左打者への決め球
礼儀
信頼される人間
継続力
プラス思考
応援される人間になる
本を読む
ストレートと同じフォームで投げる
ストライクからボールに投げるコントロール
奥行きをイメージ

範例 大谷翔平「九宮格」(曼陀羅)目標計畫

身體保養	攝取營養補充品	頸前深蹲90kg	改善內踏步	強化核心肌群	穩住身體重心	投球角度控制	從上往下擊球	加強手腕
柔軟度	體格	傳統深蹲130kg	穩定放球點	控球	消除不安	放鬆	球質	下半身主導
體力	身體可活動範圍	吃飯早三碗晚七碗	強化下盤	身體不要開掉	控制心理狀況	放球點往前	提升球的速度	關節活動範圍
設定明確目標	保持平常心	頭腦冷靜內心炙熱	體格	控球	球質	以身體軸心旋轉	強化下盤	增重
危機中堅強	心理	不受氣氛影響	心理	八球團第一指名	球速160km/h	強化核心肌群	球速160km/h	強化肩膀周圍肌肉
不造成紛爭	對於勝利的執著	體諒夥伴	人品	運氣	變化球	關節活動範圍	平飛傳接球	增加用球數
感性	為人所愛	計畫性	打招呼	撿垃圾	打掃房間	增加拿好球數的球	完成指叉球	滑球的品質
同情心	人品	感謝	珍惜球具	運氣	對裁判的態度	慢且有落差的曲球	變化球	對左打者的決勝球
禮貌	值得信賴的人	毅力	正面思考	成為被支持的人	讀書	跟直球同樣姿勢去投	讓球從好球跑到壞球的控球能力	想像球的深度

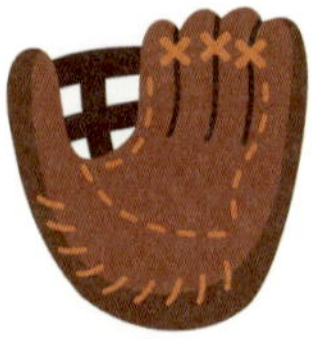

「九宮格」，主要是將主題置於正中央進行聯想，具有兩種方式：

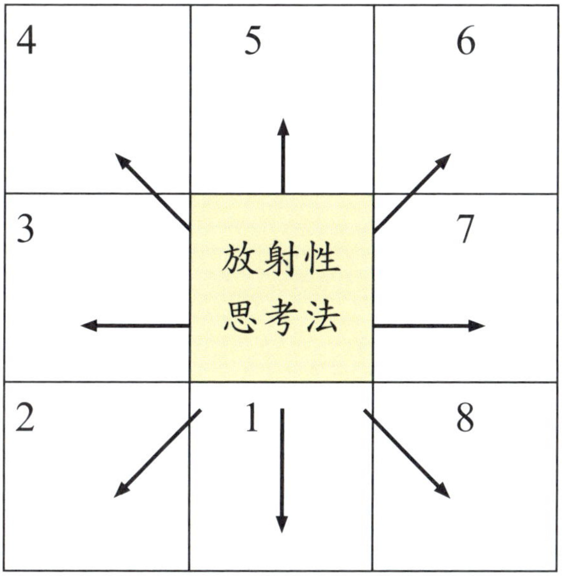

放射性思考的曼陀羅九宮格

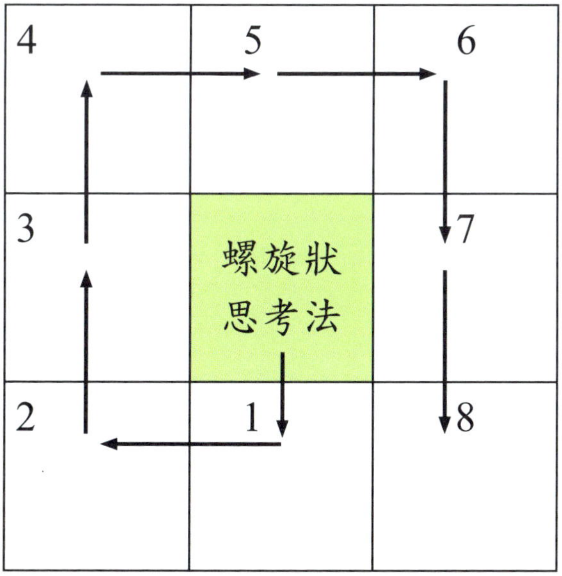

螺旋狀思考的曼陀羅九宮格

「放射性」的九宮格是根據主題發揮創意聯想，想越多越好；「螺旋狀」的九宮格是按事件的發展順序，以順時鐘方向記錄。例如：

✓

「放射狀」的九宮格～把跟大谷翔平有關的都寫下來，不需依照順序。

自律認真	日本	棒球選手
54轟 59盜	大谷 翔平	二刀流
道奇隊	菊池雄星	美國職棒

✓「**螺旋狀**」的九宮格～按照大谷翔平重要事件發展的順序，以順時鐘方向寫下來。

自我要求、自律練習	2018年 加入洛杉磯天使隊	2019年 受傷
高中確認夢想，要超越菊池雄星	**大谷翔平**	2021年 重返球場
小學練棒球	1994年 出生於日本	2024年 屢創紀錄

第二關卡

換我做做看

1 「放射狀」九宮格：想一想你的夢想是什麼？再寫出完成夢想的八項要素。

	我的夢想 （　　　　）	

2

「**螺旋狀**」九宮格：根據〈男孩與釘子〉故事順序，完成九宮格。

第一天釘了37根釘子，手長起水泡，手臂痠痛		一天不發脾氣拔掉一根釘子
	男孩與釘子	
	古奧生氣重重關門	釘子都被拔掉，卻留下許多小洞

閱讀推理

1 （　）下列哪一個人物是大谷翔平想要成為「八個球團第一指名」的關鍵？

①大谷徹　②菊池雄星　③佐佐木　④鈴木一朗

2 （　）關於大谷翔平逐夢的過程，請選出正確的順序？

甲：跟隨父親耳濡目染，開始學習棒球。

乙：站上美國職棒大聯盟，以「二刀流」震撼世界。

丙：嚴格不斷練習，成就左右開弓的投打風格。

丁：運用「九宮格思考法」將夢想具體化。

①甲乙丙丁　②丙甲丁乙　③丁甲丙乙　④甲丁丙乙

3 （　）大谷翔平能成功，主要是因為他具備什麼品德？

①自律負責　②廉潔自持　③關懷行善　④公平正義

4 （　）〈男孩與釘子〉故事中，男孩因為同學疏離的眼神而感到難過，為何總還會重蹈覆轍？

①同學對他破口大罵。　②數學算不出來。

③他無法控制情緒。　④同學午餐不和他同桌。

5

（　　）「那個曾經動不動就發脾氣的小男孩，已經成長為一個懂得關愛他人、善解人意的大男孩了。」上面的句子使用了比較、對照的「映襯」技巧，凸顯想表達的事物。下列選項的語句，哪一個也用了相同的技巧？

①古奧的臉漲得通紅，像是熟透的蘋果。

②控制脾氣很簡單，也是一件很艱難的事。

③和煦的陽光慵懶的灑在後院的木柵欄上。

④他到操場上狂奔，讓憤怒隨著汗水蒸發。

6

（　　）了解主角情緒的變化，能掌握故事情節的轉折。〈男孩與釘子〉中，男孩從經常憤怒到善解人意，他的心情折線圖是怎樣的呢？

①

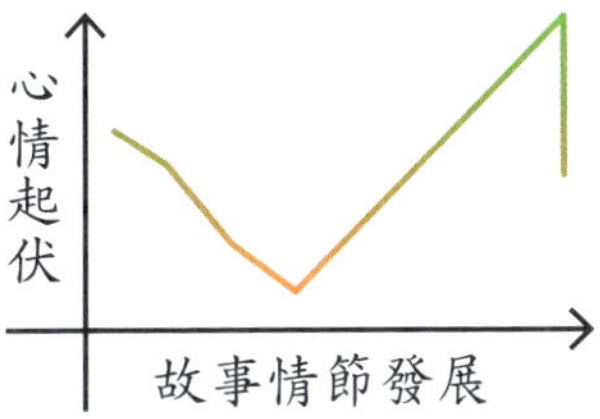

②

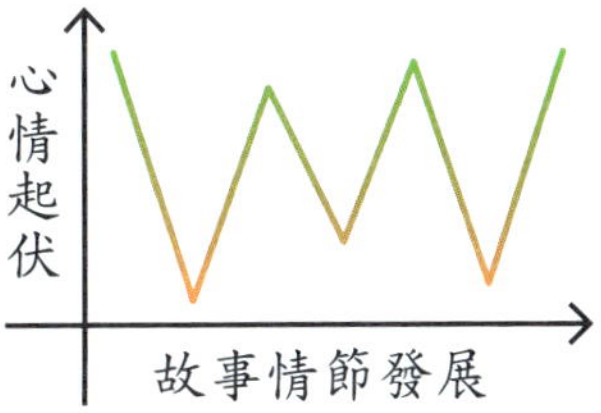

③

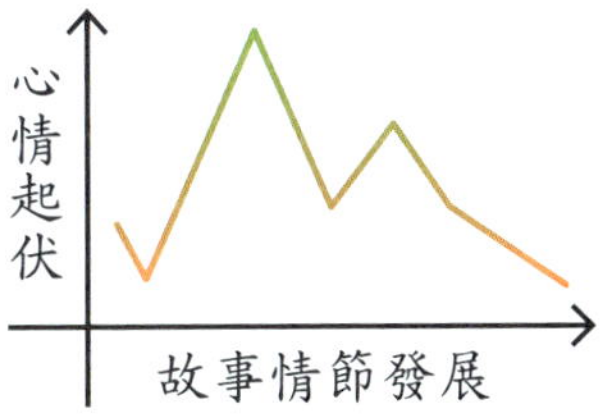

④

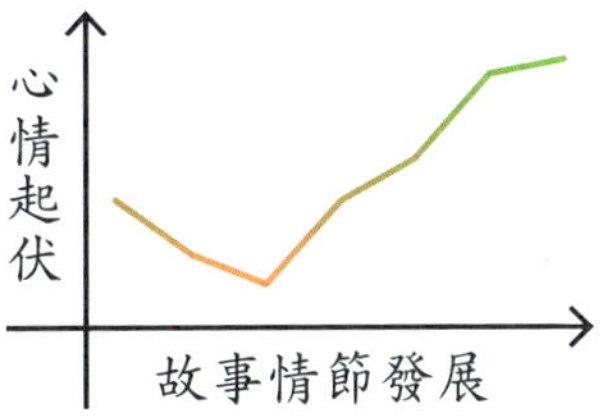

7

（　　）〈男孩與釘子〉故事主要想告訴我們什麼？

①犯了錯就要學習負責，向人道歉。

②拿鐵鎚釘釘子，手臂會受傷痠痛。

③學會控制好情緒，壞脾氣傷人也傷己。

④木柵欄雖然傷痕累累，卻是最寶貴的老師。

05

超級大說謊家

悲傷恐懼需要用溫柔的愛來治癒。

「鈴！鈴！鈴！」晴朗的藍天下，一座平靜的小鎮突然被刺耳的警鈴聲劃破。「嗚哇！嗚哇！」訓練有素的警察們迅速動員，警車呼嘯而過，鑽入蜿蜒的街道，宛如一把利刃劃破了小鎮的寧靜。

這個被譽為最安全的淳樸小鎮裡，竟然發生了令人髮指的銀行搶劫案！消息一出，整個鎮上的居民都驚呆了。這簡直就像是一齣荒謬的電影情節，卻實實在在的在眼前上演。

事發突然，連警方都措手不及。那名蒙面劫匪還沒來得及將鈔票塞進背包，機警的銀行行員就按下了警鈴。「咚！」的一聲，防盜門應聲落下，劫匪瞬間成了甕中之鱉，並被困在銀行裡。

警方如潮水般湧來，將銀行團團圍住。劫匪急得像熱鍋上的螞蟻，左顧右盼，突然眼睛一亮，一把抓住了一個正站在銀行內的六歲小男孩當人質。「別過來！再靠近我就開槍！」他用顫抖的聲音吼道，手中的槍口直指小男孩的太陽穴。

小男孩嚇得渾身發抖，淚水在眼眶中打轉。劫匪像是抓到了救命稻草，對著門外大喊：「聽著！我要五十萬現金，再來一輛加滿油的車。如果半小時內辦不到，我就要這小鬼的命！」

警方陷入了兩難。

這時，一位身材高大、目光如炬的中年男子快步走來。「我是談判專家尼爾森，我被召喚到這裡協助。」他向指揮官點頭示意，隨即走向銀行大門。

尼爾森站在玻璃門前，舉起雙手表示無害。「嘿，夥計，我們來談談，好嗎？」他的聲音沉穩有力，似乎能讓人平靜下

來。然而，劫匪顯然已經被逼到了絕境，根本聽不進去。

「別廢話！我的要求你們聽到了沒有？時間可不多了！」劫匪歇斯底里的喊道，手中的槍不住的顫抖。

尼爾森暗自皺眉，腦中飛速運轉。他必須想辦法爭取時間，讓狙擊手就位。「好的，好的，我們正在準備。不過，你也得保證人質的安全，對吧？」

就在尼爾森努力周旋的同時，三組狙擊手悄悄就位。在他們槍枝的瞄準鏡中，清晰的看到了劫匪的身影。

「時間到！」劫匪無法按捺住情緒，突然狂躁咆哮起來：「我要開槍了！」

「砰！」一聲槍響，打破了緊張的氛圍。劫匪應聲倒地，鮮血瞬間濺得小男孩滿身都是。小男孩嚇得嚎啕大哭，淚水和血液混在一起，畫面令人心碎。

尼爾森幾乎是飛奔進銀行，一把抱起了小男孩。此時，媒體記者們有如聞到血腥味的鯊魚，蜂擁而入，將尼爾森和小男孩團團圍住。閃光燈此起彼落，麥克風爭先恐後的伸到尼爾森面前。

就在所有人都以為尼爾森會宣布案件結束時，他卻做出了一個令所有人都始料未及的舉動。

只見尼爾森不慌不忙高舉著右手，用洪亮的聲音宣布：「各位市民朋友們，我們今天的防搶演習圓滿成功！演習到此結束，感謝大家的配合！謝謝！」

現場頓時陷入一片寂靜，隨即爆發出如雷般的掌聲。小男孩的哭聲漸漸停了下來，一臉困惑的看著周圍的大人們。這時，小男孩的媽媽衝了過來，緊緊抱住兒子。

「媽媽，這真的是演習嗎？」小男孩怯生生的問道。

媽媽強忍著淚水，堅定的點頭：「是的，寶貝。你表現得太棒了！」

銀行職員和警察們也紛紛圍了上來，稱讚小男孩是「防搶小英雄」。小男孩的臉上終於露出了笑容，彷彿剛才的恐懼只是一場噩夢。

第二天，整個小鎮彷彿達成了某種默契。各大媒體對這起「銀行搶案」集體失聲，隻字未提，街頭巷尾也鮮少有人談論。大家似乎都心照不宣的選擇了沉默，將保護小男孩的心靈健康放在首位，放棄了新聞報導的利益和價值。

三十年後的一個午後，一位西裝筆挺的中年男子來到了退休警官尼爾森的家。「尼爾森先生，還記得我嗎？」中年人微笑著問道。尼爾森瞇起眼睛，仔細打量著眼前的人。「抱歉，我老了，記性不太好了。」他帶著歉意的說。

「沒關係，」中年人溫和的說，「我是三十年前那個銀行搶案中的小男孩。」

尼爾森的眼睛瞬間亮了起來。「噢，天哪！是你！你長大了！」

中年人點點頭，眼中閃爍著複雜的光芒。「我一直想問您，當時為什麼會喊出那句『演習結束』？」

尼爾森陷入了回憶。「那一刻，我看著你驚恐的眼神，心想如果不做些什麼，這個創傷可能會永遠伴隨著你，可能一輩子都走不出這槍殺死亡事件，會留下重大的心理陰影及傷害。就在那瞬間，一個聲音在我腦海中響起，彷彿是上帝的啟示，讓我說出了那句話。」

中年人聽完，緊緊擁抱住了老警官。「謝謝您，尼爾森叔叔。前不久，我媽媽才告訴我完整的事發經過。您的謊言給了我一個健康快樂的童年，沒讓我在重大心理創傷中艱難掙扎的生活。謝謝您。」

尼爾森拍了拍他的背，微笑著說：「孩子，你不必謝我。如果真要感謝，就該感謝那次所有為了更美好的結果而善意隱瞞真相的人。有時候，一個善意的謊言，可以創造出意想不到的美好。」

中年人點頭，眼中泛起淚光。他明白，在那個驚心動魄的時刻，是這些人的善意謊言，編織出了一張保護網，讓他能夠無憂無慮的成長，這或許就是所謂的「美麗的謊言」吧。

06

改變一生的擁抱

帶有善意溫柔及體貼寬容的話語，比氣急敗壞的指責，更有效。

鮑伯．胡佛的手指在儀表板上飛舞，眼睛緊盯著窗外湛藍的天空。身為一位經驗豐富的試飛員，對高空中的孤獨與寧靜早已習慣了。這一天，他駕駛著一架全新的飛機，執行例行的測試任務。飛機平穩的穿梭在雲層之間，一切都很正常。

突然，鮑伯聽到發動機發出一聲不祥的咆哮，接著是令人不安的寂靜。鮑伯的心跳漏了一拍，他立即意識到情況不妙。

儀表板上的警告燈紛紛亮起，彷彿在宣告即將到來的災難。

「這不可能！」鮑伯喃喃自語，同時迅速檢查各項系統。飛機開始失去高度，向地面墜落。恐懼如同黑暗冰冷的手，緊緊捏住了鮑伯的心臟。但多年的訓練和經驗讓他要自己保持冷靜，開始尋找可能的迫降地點。

地面上，年輕的技師湯米正在機庫裡忙碌。這是他上班後第一次獨當一面，為鮑伯的飛機做起飛前的最後檢查。他的臉上洋溢著自信和興奮，絲毫沒有意識到自己犯下的致命錯誤。

天空中，鮑伯正與死神賽跑。他的額頭上冒出冷汗，雙手緊握著操縱桿。飛機搖搖晃晃的像喝醉的人，也像一片柔弱的葉子在風中飄搖墜落。眼看著地面越來越近，鮑伯知道他只有一次機會。

「來吧，寶貝！別讓我失望。」他低聲的對飛機說，彷彿這樣能給它注入生命。

彷如奇蹟出現一般，鮑伯竟然真的成功的控制住了飛機，迫降在一片開闊的農田上。金黃色的麥浪被飛機劃出一道長長的傷痕，塵土飛揚。當飛機終於停下來時，鮑伯才深深的吐出一口氣，感謝自己能劫後餘生，感謝上天的眷顧。

消息很快傳到了機場。湯米聽到後，本來愉悅的臉色瞬間變得蒼白。他意識到這可能與自己有關，恐懼和內疚像海嘯一般淹沒了他。

調查結果很快就獲得結論：飛機使用了錯誤的燃料，差點奪走一位傑出試飛員的生命。湯米的錯誤差點造成一場悲劇，淚水在眼眶中打轉的他站在機庫的角落，等待著即將到來的懲罰。

鮑伯·胡佛回到機場時，整個機庫陷入了死寂。所有人的目光都集中在他身上，等待著他的反應。湯米頹喪的低著頭，不敢直視這位差點因自己的大意而喪生的飛行員。

鮑伯緩緩走向湯米，每一步都像是踩在湯米的心上。湯米閉上眼睛，準備迎接狂風暴雨般的責罵與憤怒。然而，等待他的不是咆哮指責，而是鮑伯張開雙臂，給他一個溫暖有力的擁抱，讓所有人都驚呆了。這個擁抱打破了沉重的氛圍，也融化了湯米內心的冰山。他終於忍不住，淚水奔湧而出：「我……我很抱歉，胡佛先生，因我的大意差點害死了你。」湯米哽咽著說。

鮑伯輕輕拍了拍他的背，說：「聽著，年輕人。每個人都會有犯錯的時候，重要的是要從中學習，而不是消沉哭泣。我相信你以後不會再犯類似的錯誤。為了證明這一點，明天你給我的新飛機做一次保養吧。」

麗雲老師打造小學生故事力【高年級】～

每個人都會有犯錯的時候，

重要的是要從中學習，而不是消沉哭泣。

五南文化事業

湯米抬起頭，不敢相信自己的耳朵：「您……您還信任我？」

鮑伯微笑著點點頭：「當然，每一個人都需要第二次機會，何況是經歷過這麼可怕的事情之後。我相信你會記取這次的經驗和教訓，成為最細心的技師。」

這時，整個機庫爆出熱烈的掌聲。湯米的同事們紛紛上前，拍拍他的肩膀，表示支持。湯米的眼中閃爍著感激和決心的光芒。多年後，當湯米成為一位備受尊敬的資深技師時，他常常會想起那個改變了他一生的擁抱。

07

蓮花的逆風航行

公平正義是一股溫柔的力量，需要溝通理解、尊重包容。

陽光溫暖的穿透窗簾，照在七歲小女孩賀錦麗的臉龐上。她靠在媽媽溫暖的懷裡，媽媽的手指輕輕撫摸她烏黑的頭髮，聲音溫柔而堅定：「寶貝，你要記住，你的膚色、你的名字，都是上天給你的獨特禮物。不要把它們看作是障礙，而要當作是你的力量。」

賀錦麗的家是一個縮小版的世界地圖。印度裔的母親、牙買加裔的父親，在美國編織了一個跨文化的夢想。家中的書架上，擺滿了來自世界各地的書籍：印度的史詩、牙買加的民謠、美國的文學巨作，還有中文書籍。這些書不僅是紙和墨水，更是通往不同世界的通行證，訴說著世界的多元可能。他們教導賀錦麗，生命的精彩不在於你是誰，而在於你願意成為什麼樣的人。

「賀錦麗」這個名字，是她在美國華人社區的特別身分，是她的臺灣好友蘇榮麗幫她取的中文名字，「賀」取自英文姓氏的諧音，「錦麗」則寓意美好前程。每當她聽到這個名字，彷彿聽到一首關於希望的歌謠。

學校是賀錦麗第一次真正感受到自己與眾不同的地方。同學用奇怪的眼光看她，有時還會用刻薄的話語尖銳的劃破她柔軟的內心。但父母教導她，這些都是成長的考驗，不是永恆的牆壁，不應該是障礙。

「你要堅強，」爸爸常說：「真正的力量來自於理解，而不是憤怒。你的不同，是你最寶貴的財富。」

這些話像種子，深深的種在賀錦麗的心田。她開始學會用不同的眼光看待自己，看待這個充滿差異的世界。

哈佛法學院成為賀錦麗夢想起飛的跑道。在這裡就讀的日子，她逐漸明白，自己的混血身分不是缺陷，而是獨特的優勢。法律成為她追夢的翅膀，成為她為弱勢、被邊緣化族群發聲的武器。

賀錦麗穿著筆挺的西裝站在法庭上，目光如炬。她開始明白，每一個案件都不僅僅是法律文件，背後都有一個需要被聽見的人生故事。成為檢察官，她不只是維護法律，更是守護正義。那些被忽視的聲音，在她的堅持下開始被聽見。她常說：「我站在這裡，不是因為我有多麼了不起，而是因為我相信每個人都值得被公平對待。」

二〇二四年與川普的總統大選，彷彿一場狂風暴雨中的航行，成為她人生最關鍵的挑戰。站在政治風暴的中心，川普的競選團隊不斷質疑她的身分，但賀錦麗從未退縮。她知道：這不僅僅是一場選舉，更是一次證明夢想的旅程。她與川普站在對立面，兩人的理念如同天壤之別，但賀錦麗從未將對手視為敵人，而是將他視為民主對話的另一個聲音。

競選過程如同一場激烈的角力。她用堅定的語言回應每一個質疑，用行動證明自己的能力。競選團隊有時會感到沮喪，但賀錦麗總能用溫暖而堅定的目光撫平大家的焦慮。她演講時說：「我們的存在，就是夢想最生動的詮釋。」她對團隊說：「你們知道嗎？勝利不是擊敗對手，而是讓更多人看見希望。」

全世界都關注的美國大選，最終由川普勝選。即使最終落敗，賀錦麗的眼神卻從未黯淡。站在競選結束的舞臺上，她笑著對支持者說：「今天我們輸了選票，但絕不會輸掉夢想。我們的故事，遠比一場選舉更偉大。」「只有在足夠黑暗的時候，才能看到星星。我們就用耀眼的光芒點亮星空。」她的聲音像是一首堅韌的詩，迴盪在美國的夜空。

晚上，當競選團隊都已離開，賀錦麗獨自站在窗前。窗外，城市的燈光像是無數的夢想火種。她輕聲對自己說：「今天不是終點，而是另一段旅程的開始。」

賀錦麗的印度名字「卡瑪拉」，意思是「蓮花」。「你知道蓮花為什麼特別嗎？」她常常問孩子們。「因為它在淤泥中，依然可以綻放最純潔的美麗。」

這就是賀錦麗，一朵永不妥協的蓮花。她用生命示範：夢想不需要等待完美的時機，而是要在不完美中持續綻放。膚色、名字、背景，都不是夢想的枷鎖，而是與眾不同的獨特勇氣，因為她相信維護公平正義不僅是美德，更是一種力量。

夜深人靜，賀錦麗閉上眼睛，靜靜的聽著內心的聲音。她彷彿聽到媽媽年輕時的聲音：「你是一朵蓮花，寶貝。在最艱難的泥沼中，你終將綻放。」

小偵探閱讀遊戲闖關，開始

閱讀妙招三：推論人物特質

每一個人的個性和特質都不太一樣，讀懂故事中的人物形象，可以幫助我們掌握重點。一個人的特質一般會由他所做的事或是所說的話顯現出來，所以我們可以從故事中找出支持的理由，推論出人物的特質。

例如：

〈超級大說謊家〉～尼爾森

所做的事	所說的話	人物特質
他向指揮官點頭示意，隨即走向銀行大門。	嘿，夥計，我們來談談，好嗎？	勇敢、果斷
站在玻璃門前，舉起雙手表示無害。	好的，好的，我們正在準備。不過，你也得保證人質的安全，對吧？	理智、善於談判
飛奔進銀行，一把抱起了小男孩。	那一刻，我看著你驚恐的眼神，心想如果不做些什麼，這個創傷可能會永遠伴隨著你，可能一輩子都走不出這槍殺死亡事件，會留下重大的心理陰影及傷害。就在那瞬間，一個聲音在我腦海中響起，彷彿是上帝的啟示，讓我說出了那句話。	有愛心、關懷、同理心
不慌不忙高舉著右手，用洪亮的聲音宣布：「各位市民朋友們，我們今天的防搶演習圓滿成功！演習到此結束，感謝大家的配合！謝謝！」	孩子，你不必謝我。如果真要感謝，就該感謝那次所有為了更美好的結果而善意隱瞞真相的人。有時候，一個善意的謊言，可以創造出意想不到的美好。	善良、睿智、反應快

1 請根據下方所列的事件或語言，推論出人物的特質。

〈改變一生的擁抱〉～鮑伯・胡佛		
所做的事	所說的話	人物特質
鮑伯張開雙臂，給湯米一個溫暖有力的擁抱。	聽著，年輕人。每個人都會有犯錯的時候，重要的是要從中學習，而不是消沉哭泣。我相信你以後不會再犯類似的錯誤。為了證明這一點，明天你給我的新飛機做一次保養吧。	

〈蓮花的逆風航行〉～賀錦麗	
所說的話	人物特質
我站在這裡，不是因為我有多麼了不起，而是因為我相信每個人都值得被公平對待。	
我們的存在，就是夢想最生動的詮釋。	
你們知道嗎？勝利不是擊敗對手，而是讓更多人看見希望。	
今天我們輸了選票，但絕不會輸掉夢想。我們的故事，遠比一場選舉更偉大。	
只有在足夠黑暗的時候，才能看到星星。我們就用耀眼的光芒點亮星空。	

閱讀推理

1 （　）「劫匪瞬間成了甕中之鱉，並被困在銀行裡。」句中的「甕中之鱉」跟下列哪一個意思最接近？

①十拿九穩　②漏網之魚　③水中撈月　④順手牽羊

2 （　）「每一個人都需要第二次機會，何況是經歷過這麼可怕的事情之後。」從「……何況……」來判斷，上面的句子屬於哪種句型？

①選擇句　②因果句　③遞進句　④轉折句

3 （　　）尼爾森為何要聲稱這是一場防搶演習？

①搶匪應聲倒地後被逮捕。　②為了保護受驚嚇的小男孩。

③接受小男孩媽媽的請求。　④這是一場真正的演習。

4 （　　）〈改變一生的擁抱〉故事中，飛機為何會失速墜落？

①鮑伯操作不當。　②飛機老舊失修。

③天候因素影響。　④湯米加錯燃料。

5 （　　）「鮑伯緩緩走向湯米，每一步都像是踩在湯米的心上。」這時候湯米的心情是怎麼樣的？

①理直氣壯　②自責愧疚　③氣憤難平　④期待雀躍

6 選出故事主要想告訴我們的觀點。

（　）〈蓮花的逆風航行〉（　）〈改變一生的擁抱〉

（　）〈超級大說謊家〉

甲：寬容和理解，比批評指責更能有意外的正面結果。

乙：以愛為出發的謊言，可以創造出意想不到的美好。

丙：守護公平與正義並非易事，而是要勇敢努力堅持。

7 湯米因為一時的粗心錯誤，差點害死了優秀的飛行員。有人認為：**犯錯就需要接受懲罰，付出代價**。你贊成嗎？請依照你的觀點，在下方的「四角辯論」中，選擇你認同的一個角落簽名，並與家人或同學交換彼此的看法，陳述理由。若接受對方立場，可以再選擇一次，移動你的簽名。

犯錯就需要接受懲罰，付出代價

非常同意	同意
不同意	非常不同意

四角辯論Four-corner Debate（投入策略）

小說明

① 我們可以運用「四角辯論」進行思辨、探究，表達看法。「四角辯論」（Four-corner Debate）是一種探究策略，可以表達意見與觀點，傾聽彼此不同的看法。

② 每個人都有自己的觀點，很多事情未必有對錯，選擇不同，做出的回應動作就不同。

8

閱讀〈超級大說謊家〉後，請依序完成四個提問：

〈超級大說謊家〉

1. 小男孩遇到什麼問題？

2. 對於這個問題，尼爾森和各大媒體與鎮民做了什麼選擇？理由是什麼？

〈超級大說謊家〉

3. 我如何看待尼爾森和各大媒體與鎮民的選擇?我能接受嗎?為什麼?

4. 如果我遇到這個問題,我的選擇是什麼?為什麼呢?(個人觀點)

08

公主的鑽石眼淚

真正愛你的人，是喜歡看你笑，捨不得讓你哭。

很久很久以前，有一個聰明的國王。他治理國家非常成功，雖然國家不大，百姓們豐衣足食，安居樂業，都過著幸福快樂的生活。

國王有三個漂亮的女兒，她們從生下來就具有一種神奇的魔力：當她們哭泣的時候，落下的眼淚會化作一顆顆晶瑩剔透的鑽石。這些鑽石閃閃發光，非常珍貴，價值連城。

國王年紀漸漸大了，開始擔心誰能接替他管理國家，照顧三位公主。於是，他昭告天下：「眾所周知，我有三位公主，她們每個人都擁有舉世無雙的美貌，而且她們的眼淚可以化作昂貴的鑽石。一個月後，我將讓她們挑選自己心儀的丈夫。能娶到公主，就將有機會繼承我的國家和財富。」

一個月後，國王的城堡裡擠滿了來自世界各地的王子、騎士和富豪之子。他們一個個英

俊瀟灑，器宇不凡，打扮得光鮮亮麗，自信滿滿的圍在王宮裡，希望能吸引公主的注意。

中午的時候，國王帶著三位公主來到宮殿。為了表示對遠道而來客人的歡迎，大公主為眾人唱了一首歌，嗓音清澈，猶如天籟；二公主為眾人跳了一支舞，步伐輕盈，身段美妙；而最年幼的小公主，對著眾人淺淺的一笑，就躲在國王的身後，再也不肯出來。

國王尷尬的解釋著：「請大家不要介意，小公主自從生下來後就沒有說過話，而且很怕陌生人。」

為了博取公主們的青睞，大家紛紛表現了自己的長處：有的當場寫詩作畫，有的表演劍法和馬術，有的還拿出世間少有的奇珍異寶獻給公主……。

大公主和二公主都很開心，也漸漸有了自己的決定，只有小公主依然靜靜的躲在國王的身後。

大公主選擇了一個英俊的王子，他許諾會為她征服全世界，在每座城堡上刻下她的名字；二公主選擇了富豪之子，那個聰明的男孩對她保證會賺很多錢，為她建造一座世界上最華麗的宮殿；躲在國王身後的小公主，害羞平靜的看著那些人，搖了搖頭。

正在國王準備宣布結果時，從人群中走出一個樸實無華的年輕牧羊人，他直走到小公主跟前，在她耳邊說了一句話。奇蹟發生了，小公主露出了燦爛的笑容，還毫不猶豫的牽住了牧羊人的手。就這樣，三個公主都有了自己的伴侶。

五年過去了。大家的生活各不相同。

大公主的丈夫用眼淚變成的鑽石招兵買馬，四處征戰，百戰百勝，每一座被他征服的城堡上，真的全都刻上了大公主的名字。大公主的名字，變得家喻戶曉。她覺得自己很幸福。

二公主的丈夫用眼淚變成的鑽石作為成本，生意越做越大。生意做得很大之後，就不需要鑽石了。他簡直是天生的商人，很快就積累了海量的財富，雖然還沒有建造出世界上最豪華的宮殿，但是二公主已經很心滿意足了。她覺得自己很幸福。

小公主自從那天跟著牧羊人離開國王的城堡後，就開始周遊世界。後來他們找到一個山明水秀的世外桃源定居下來。牧羊人用木頭和稻草搭建了一個大房子，又做了很多家具。他們在房子的後面種了很多蔬菜和小公主喜歡的花。他們會坐在湖邊釣魚，一起數星星，一起觀雲聽風……。

他們一直很窮，但是他們生活得非常開心。小公主漸漸的開口說話，但只對牧羊人說，什麼都說，一天到晚吱吱喳喳說個不停。牧羊人常常帶著微笑，安靜的聽她講故事。

當國王病危時，他派人找回了三個公主和她們的丈夫。他驚訝的發現，小公主夫婦穿著乾淨整齊卻破舊的衣服，好奇他們為什麼這麼貧窮，因為小公主隨便一滴眼淚就足夠買一家服飾店了呀。

牧羊人說：「因為我從來不讓她哭泣。」

國王問小公主：「當年牧羊人跟你說了什麼話？」小公主回答：「他在我耳邊說，即使你的眼淚可以化作最昂貴的鑽石，我寧願貧困潦倒一生，也不許你哭。」

最後，國王決定把王位傳給牧羊人。

09

引路人

強者活在事情裡，弱者活在情緒裡，心存愛與感恩，恐懼就會消失。

夕陽的餘暉透過教室的玻璃窗斜斜的灑進來，在地板上映出一道道金黃色的光帶。亮亮收拾書包時，目光不自覺的飄向教室後方——那個總是籠罩在陰影中的角落。小凱又獨自坐在那裡，像一座孤島，與班上歡樂熱鬧的氛圍格格不入。這已經是轉學來的小凱第三次拒絕參加班級活動了。每當有人試圖接近他，他就會像隻受驚的刺蝟，把自己層層包裹起來。

教室裡，同學們三三兩兩、說說笑笑著離開，腳步聲和笑語漸漸遠去。傍晚的微風輕輕掀動窗簾，帶來初秋的涼意。就在這時，亮亮聽見後方傳來細微的啜泣聲，像是被風聲掩蓋的嘆息。

他嘆了一口氣，躡手躡腳的走過去，看見小凱縮在角落，把臉埋在臂彎裡，瘦小單薄的肩膀輕輕顫抖著。一道夕陽剛好鋪在他的書包上，那是個有些破舊的帆布包，邊角已經磨得發白。「你還好嗎？」亮亮輕聲問道。小凱嚇了一跳，連忙用袖子擦拭臉頰，搖搖頭急忙就要躲開。

「等等！」亮亮一把抓住他的手，「要不要一起去找老張爺爺？」老張爺爺是住在學校附近的一位盲人，每天都會在校門口對面公園的椅子上晒太陽。亮亮經常去找他聊天，因為老張爺爺總有說不完的故事。

公園裡有棵上了年紀的老榕樹，濃密的樹蔭下擺著一張斑駁的木椅。老張爺爺一如既往，坐在那裡聽著學生們嘻笑奔跑的聲音，臉上掛著慈祥的微笑。他的柺杖總是安靜的靠在椅子旁，像一個忠實的守護者。

小凱猶豫了一下，或許是被亮亮真誠的眼神打動，最終點點頭。兩人來到榕樹下，老張爺爺穿著一件樸質的淺灰色唐裝，正沐浴在碎金般的陽光裡，整個人散發著寧靜祥和的氣息。

「老張爺爺！」亮亮熱情的打招呼，「我帶了一個新朋友來！」

「歡迎歡迎！」老張爺爺笑著說，皺紋在他臉上綻開，像春天盛開的櫻花紋路。「來，坐下說說話。」

樹影婆娑，在地上投下點點光影。在老張爺爺溫暖的笑容中，小凱漸漸放鬆下來，傾聽老張爺爺說起自己年輕時的故事。「雖然我看不見，但我能感受到每個人心中的光芒。」老張爺爺說著，手指輕撫著柺杖光滑的表面。「就像現在，我能感覺到亮亮心中有一道溫暖的光，而小凱的光芒，只是暫時被烏雲遮住了。」老張爺爺說。

「可是……」小凱咬著嘴唇，「我爸媽整天忙著工作，根本不在意我。在班上，我也找不到知心的朋友。」

「每個人都像天上的星星，」老張爺爺溫和的說：「有時候會被烏雲遮住，看起來黯淡無光。但只要有人願意伸出手，給予溫暖，星星就會穿越黑暗，重新發亮，發出微光。要不然，就自己擦亮星星，做一個擦星星的人。」

從那天起，亮亮和小凱常常來找老張爺爺。一天下午，烏雲密布，驟雨傾盆而下，像千軍萬馬奔騰而來。在密密的雨簾中，亮亮和小凱撐著一把藍色的大傘，送老張爺爺回家。雨水打在傘面上發出「噠噠」的聲響，地面上的水窪倒映著模糊的身影。路過一處老舊的磚道，亮亮不小心踢到一塊鬆動的地磚，差點摔倒，濺起一片水花。

小凱生氣的嚷道：「這人行道地磚怎麼沒鋪好，會讓人跌倒的，真不像話！」只見老張爺爺立刻停下腳步，蹲下

身子檢查那塊地磚，任由雨水打溼他的衣襟。他的手指細細摸索著那塊地磚的邊緣，動作輕柔而堅定。「爺爺，您在做什麼？」小凱困惑的問，雨滴順著傘骨滑落。

「把它修好，」老張爺爺認真的說，「不然可能會有人被絆倒。每一個小小的善舉，都能為這世界增添一點光明。」看著老張爺爺的舉動，小凱的心中猛烈的一震，眼中閃過一絲光芒。

之後，教室裡的氣圍漸漸改變了。當班上的小美不小心把水杯打翻，水珠在陽光下像散落的珍珠，小凱第一個跑去幫忙。漸漸的，他開始主動參與班級活動，甚至在班會上提議要為住在安養院的老人表演節目。「小凱真的變了很多呢！」老張爺爺欣慰的說：「他的光芒終於照亮了自己，也溫暖了別人。」那個曾經籠罩在陰影中的角落，如今灑滿了笑聲和陽光。

一天，亮亮和小凱發現老張爺爺生病住院了。他們帶著同學一起去探望。醫院的病房裡，消毒水的氣味瀰漫在空氣中，窗外的梧桐樹輕輕搖曳，斑駁的光影映在潔白的床單上。小凱握著老張爺爺布滿皺紋的手說：「爺爺，以前我總覺得自己活在黑暗裡。是您和亮亮讓我明白，每個人心中都有光明。重要的是願意打開心扉，讓光芒照亮別人。」

老張爺爺露出欣慰的笑容：「記住，孩子們，我們都可以成為彼此的引路人。當看見有人迷失在黑暗中，就伸出手去，用心中的光指引方向。」

小凱後來成為班上最受歡迎的同學之一。每當有新同學轉來，他總是第一個去表示歡迎。而亮亮看著這一切，明白了老張爺爺的話：在人生的路上，我們都可以成為別人的引路人，用愛心和善意照亮彼此的道路。

麗雲老師打造小學生故事力【高年級】～

在人生的路上，我們都可以成為別人的引路人，用愛心和善意照亮彼此的道路。

五南文化事業

如今的教室後方，不再是沉默的角落。小凱的座位周圍總是圍繞著同學，歡笑聲、討論聲此起彼落。而每到傍晚，榕樹下的木椅依然等待著他們，像一座永不熄滅的燈塔，是他們學習的引路人，指引著迷途的心靈找到歸途。

小偵探閱讀遊戲闖關，開始

閱讀妙招四：自我提問

善於推理的小偵探，會自己觀察思考，提出問題。因為會想問題比會回答問題更重要，所以我們閱讀前可以先看看標題，同時提出一些問題，自問自答，評估自己對關鍵內容和重點的掌握，讓學習更有效率。

提問時，我們可以運用這個「三層次」，例如：

三層次		提問提示	〈公主的鑽石眼淚〉舉例
事實	找一找 找出重要訊息	◆ 何時、何人 何處、何事	◆ 何人一出生就具有一種神奇的魔力？ ◆ 公主哭泣時會發生何事？
推論	推一推 推出隱藏訊息	◆ 事件的原因？ ◆ 人物的特質？ ◆ 想傳達的道理	◆ 國王為何把王位傳給牧羊人？ ◆ 從小公主說的話、做的事情，你認為她是一個具有什麼特質的人？請從文章找支持的理由。
評論	評一評 思考深入評論	◆ 你贊成或反對哪一個觀點？說出理由。 ◆ 你比較喜歡故事的（　）？為什麼？ ◆ 如果你是故事中的（人物），你會怎麼做？	◆ 你認為國王應該把王位傳給誰？說說你的理由。 ◆ 如果你是小公主，你會願意跟著牧羊人離開國王的城堡嗎？

第四關卡

換我做做看

閱讀完〈引路人〉後，自我提問。

三層次		提問提示	〈引路人〉舉例
事實	找一找 找出重要訊息	◆何時、何人 何處、何事	
推論	推一推 推出隱藏訊息	◆事件的原因？ ◆人物的特質？ ◆想傳達的道理	
評論	評一評 思考深入評論	◆你贊成或反對哪一個觀點？說出理由。 ◆你比較喜歡故事的（　）？為什麼？ ◆如果你是故事中的（人物），你會怎麼做？	

閱讀推理

1 （　　）下面哪一個詞語的意思與其他三者不同？

①英俊瀟灑　②器宇不凡　③光鮮亮麗　④樸實無華

2 （　　）〈公主的鑽石眼淚〉中，小公主和牧羊人為什麼一直很窮？

①牧羊人讓小公主過得很快樂。

②牧羊人帶小公主周遊世界。

③牧羊人和小公主沒有錢做生意。

④牧羊人安靜的聽小公主說故事。

3 （　）〈公主的鑽石眼淚〉中，國王為何把王位傳給牧羊人？

①國王最偏愛小公主。　②國王不喜歡生意人。

③國王信任牧羊人的真心。　④國王答應小公主請求。

4 （　）〈公主的鑽石眼淚〉這個故事，主要想告訴我們什麼重點？

①真正的愛發自內心，捨不得讓對方流淚。

②過著富裕豪華的生活，是真正的幸福。

③做大生意需要成本，更需要精明的頭腦。

④多才多藝或擁有奇珍異寶，就能獲得幸福。

5（　　）〈引路人〉故事中，老張爺爺為何會說：「雖然我看不見，但我能感受到每個人心中的光芒。」

①他會看面相。　②他用心感受到。

③亮亮告訴他的。　④他傾聽小凱抱怨。

6（　　）〈引路人〉故事中，作者安排老張爺爺停下修整鬆動的地磚其用意為何？

①反映當時社區環境令人不安。

②凸顯老張爺爺為人的仁善。

③呈現亮亮對爺爺的崇拜之情。

④強調生活中走路要特別當心。

7

亮亮看到小凱初始一直無法融入班上同學，找了老張爺爺幫助他。你認同「**同學有困難就要積極找人幫助他**」這個想法嗎？請依照你的觀點，在下方的「表態光譜」中，選擇一個符合你觀點的相對位置簽名，並與家人或同學交換看法。

小說明

「表態光譜」（Spectrum Statements）是一種探究策略，可以表達意見與觀點。例如：最左邊：十分同意；最右邊：十分不同意。可以思考你的想法在這一條光譜線上的相對位置，寫入姓名和說說觀點。

8

當看見有人迷失在黑暗中，就伸出手去，用心中的光指引方向，成為「引路人」。說一說你遇過或知道引路人幫助了他人的故事。

10

購買上帝的男孩

愛是一種主動的責任，而不是被動的享受。

這一天，是靠近耶誕節的日子，全美各地都瀰漫著過節歡樂的氣氛，大街小巷流洩著喜慶的氛圍，家家戶戶用心裝扮著耶誕樹，準備著美麗的禮物。在美國西部的一個小城也不例外，全城充滿著歡慶甜蜜的節奏。

一個十歲左右的小男孩，手裡捏著一塊美金硬幣，沿路一家一家商店的詢問：「請問，您這兒有賣上帝嗎？」聽到的人不是驚嚇的說：「沒有！」就是嫌他在搗亂，不由分說的就把他攆出了店門，讓他有些沮喪。

這小男孩的穿著打扮，看起來雖然是貧困家庭的孩子，但衣著整齊，全身上下乾乾淨淨的，一看就知道是個懂事、有禮貌的孩子。被一再拒絕的他，並沒有放棄，依然到不同商家詢問著。天快黑時，小男孩頑強的向第六十九家商店的店主詢問：「請問，您這兒有賣上帝嗎？」

老闆是個七十多歲，滿頭銀髮，慈眉善目的老爺爺。他溫暖熱情的接待了男孩，不僅邀請小男孩進到屋內坐，還準備了好吃的點心和熱騰騰的茶給他。老爺爺笑吟吟的問小男孩：「告訴我，孩子，你買上帝做什麼呢？」看到終於有人願意回應他，而不是嫌惡的斜眼看著他或認為他腦袋有問題，小男孩激動的流出眼淚，哭出了聲。

小男孩告訴老爺爺，自己的父母在他襁褓時期，就陸續因病去世了。頓失依靠的他，是由叔叔帕特魯普撫養呵護長大的。叔叔是個建築工人，在工地裡辛苦的做著勞力的工作。即使收入微薄，叔叔仍然對他疼愛有加，把他照顧得無微不至，他覺得自己好幸福。只可惜「天有不測風雲，人有旦夕禍福」。前不久叔叔不慎從工地的鷹架上摔了下來，至今昏迷不醒。醫生皺著眉說，只有上帝才能救他。小男孩想，上帝一定是種非常奇妙的東西，只有他才能救治叔叔。

「我把上帝買回來，讓叔叔吃了，傷就會好了。我們就能像過去一樣快樂的生活……」小男孩說。

聽完小男孩的敘述，老爺爺的眼眶不禁也溼潤了，問：

「你有多少錢？」

「一塊美金。」

「孩子，眼下上帝的價格正好是一塊美金。」

老爺爺接過小男孩手中的硬幣，從貨架上拿了一瓶「上帝之吻」牌飲料，對小男孩說：「拿去吧，孩子，你叔叔喝了這瓶『上帝』，就沒事了。」小男孩喜出望外，緊緊將飲料抱在懷裡，與沖沖的奔赴醫院。一進病房，他就開心的叫嚷道：「叔叔，我把上帝買回來了，您很快就會好起來！」

第二天，一個由世界上頂尖醫學專家組成的醫療小組，乘著專機來到這個小城市，奔赴帕特魯普所在的醫院，對他進行了聯合會診。過了一陣子，帕特魯普在醫療團隊細緻的照顧下，身體痊癒準備出院了。但當他要辦理出院手續時，看到有如天價般的醫療費用時，又差點昏過去。他是一個工人階級，怎麼付得出如此高額的醫療費用？正當帕特魯普陷入愁雲慘霧之際，醫院很快就打消了他的疑慮，告知他有個暖心的老富翁已經幫他付清了錢，醫療團隊也是老富翁花費重金，特地禮聘來為他診療的。

這時，帕特魯普才知道，小男孩遇到的老爺爺名叫邦迪，是一位億萬富翁。那家雜貨店是老爺爺的祖產，他沒事就常來此處打發時光。老爺爺被小男孩真摯的愛感動，決心幫助他們叔侄二人。帕特魯普激動不已，立即和小男孩到雜貨店感謝恩人。店員告訴他們，老闆已經出門旅遊了，讓他們無需掛懷，並將老爺爺邦迪寫的一封信給了帕特魯普。

帕特魯普展開信：「年輕人，你不需要感謝我，所有的一切，你的侄兒都已經付清費用。我要說的是，你能有這個侄兒，實在是太幸運了。為了救你，他拿一塊美金在冰天雪地裡，挨家挨戶沿路詢問，到處購買上帝……感謝上帝，是他挽救了你的生命。但你一定要永遠記住，真正的上帝，是人們的愛心！」

過了好些年之後，那個到處買上帝的小男孩長大了，考進了醫學院，成為了仁心仁術的醫師。為了感謝曾經救過他叔叔的億萬富翁邦迪，也是為了幫助更多意外受到傷害無助的人，他和團隊發明了OK繃，並以「邦迪」命名，讓愛心傳遞下去。

麗雲老師打造小學生故事力【高年級】～

真正的上帝，是人們的愛心！

五南文化事業

麗雲老師說：

挫折或痛苦是為了成為更好的自己，及遇見更好的人。向著明亮那方，你會看見從疏葉中灑下的暖暖陽光。

萬物若有縫隙，那是光灑下來的地方。

11

一〇一號耶誕老人與AI小助手

擁有好奇、主動、學習與創造思維的人，就有強大未來力。

在北極圈的耶誕老人村裡，飄著紛紛揚揚的雪花，住著一位年紀剛好一〇一歲的一〇一號耶誕老人。他的白鬍子像柔軟的棉花糖，笑起來時眼角堆滿溫暖的皺紋。雖然年歲已高，但他依然有如一隻快樂的馴鹿般，充滿活力的為世界各地的孩子們送去幸福。然而，隨著時代的巨輪不斷向前，世界變得越來越數位化，連耶誕老人也不得不擁抱新時代的浪潮，與時俱進了！

一個飄著薄霧的清晨，他的智慧手機叮咚作響，收到一封來自耶誕島的電子郵件，字字閃著金色的光芒：「緊急通知！所有耶誕老人請即刻啟程至耶誕島集合，展開新世代科技特訓！」

原來，耶誕老人總部決定要導入最先進的AI系統，讓送禮物的效率更上一層樓。

來到耶誕島後，映入一〇一號眼簾的是琳琅滿目的科技產品。每位耶誕老人都配發到一個像水晶般晶瑩剔透的智慧型手

環，內建著一位名叫「禮物小精靈」的AI助手。「有了AI的神助，送錯禮物的煩惱將成為歷史！」總部的工程師拍著胸脯，信心十足的宣布。

回到溫暖的小屋後，一〇一號開始了他的科技學習之旅。這位AI小精靈不只聲音清脆悅耳，還能幻化出絢麗的3D投影在空中翩翩起舞，可愛得讓人忍不住想捏捏他的臉蛋。「來吧，親愛的老爺爺，讓我們一起踏上科技冒險！」小精靈甜甜的說道。

剛開始的日子，一〇一號就像個誤入科技迷宮的探險家，時常把自己弄得手忙腳亂。時而不小心關掉螢幕，時而按錯指令，讓小精靈變成調皮的小貓咪一樣在空中跳來跳去。一〇一號瞇著眼睛學，幾乎快睡著了。幸好小精靈總是帶著如和煦春風般的耐心，一遍又一遍的指導他。「謝謝你不厭其煩的教導我。」一〇一號由衷的說。小精靈眨眨明亮的大眼睛：「這是我的榮幸呢，我們要像一家人一樣互相扶持啊！」

　　耶誕節前夕，星光灑落在白茫茫的雪地上，一〇一號背著裝滿

希望的禮物袋出發了。AI小精靈就像個聰明的導航員，不只規劃出最佳路線，還能預報沿途的風雪變化。一切都進行得天衣無縫，直到他們來到第一〇〇戶人家……

「等一下！」AI小精靈突然像發現寶藏般驚呼，「系統顯示這戶的小戰因為常常欺負同學，已被列入『待觀察名單』了！」

一〇一號撫摸著如雪般潔白的鬍鬚，眉頭微微皺起：「那麼，我們該如何是好？就這樣把他排除在耶誕節的喜悅之外嗎？」

AI小精靈的眼睛閃爍著思考的光芒：「按照程式邏輯，確實不該給予禮物。不過……我發現小戰最近像換了個人似的，不僅寫了一封真摯動人的道歉信給同學，還會主動幫助他人呢！」

一〇一號的眼中綻放出智慧的光芒：「每個人都值得擁有重新起航的機會。與其用懲罰築起高牆，不如用愛搭起橋梁，鼓勵他繼續在善良的道路上前進。」

「但這樣會違反系統設定……」AI小精靈為難的說。

「親愛的小精靈，有時候，人性的溫度比冰冷的程式碼更有價值。」一〇一號語重心長的說：「真正的公平，不僅是機械式的執行規則，更要給予改過向善的機會。」

這番話彷彿觸動了AI小精靈最深處的程式核心，他的眼眸閃爍著從未有過的異樣光彩：「我懂了！讓我們一起為小戰準備一份特別的禮物吧！」

就這樣，小戰收到了一份暖心的耶誕禮物：一本精美的電子互動繪本，講述友誼與同理心的故事，還附上一張充滿鼓勵的卡片：「看見你的蛻變了，繼續綻放善良的光芒吧！」

當月亮高高掛在天際，一〇一號完成任務回到溫暖的小屋，打開新聞發現今年的耶誕節特別溫馨。孩子們不只收到心願清單上的禮物，更展現出驚人的成長。有的把禮物分享給較不幸的同學，有的寫下滿滿感恩的話語給父母，整個世界彷彿被愛的光芒籠罩。

「太痛快了！這才是耶誕節最珍貴的禮物啊！」一〇一號開心得跳了起來。

AI小精靈默默將這一切烙印在記憶體中：「感謝您教會我，有些事情比完美的程式算法更珍貴。」

從那以後，一〇一號和AI小精靈成了最佳拍檔，在送禮物的旅程中譜寫著動人的樂章。他們想法相像，深深明白科技雖能帶來便利，但真正重要的是用心感受每個靈魂的渴望。而AI小精靈也在每次的送禮過程中，領悟到更多人性的美好。

隔年的耶誕節，他們別出心裁的在每份禮物中加入一張「感恩卡」，鼓勵孩子們書寫對身邊人的感謝。這個創意讓耶誕節搖身一變，從單純的收禮物節日，蛻變成傳遞愛與感恩的溫暖時光。

每當夜幕低垂，星光灑落，一〇一號總愛說：「科技或許能讓送禮物更有效率，但最珍貴的禮物，永遠是流淌在心中的愛與關懷。」窗外的雪一直下著，但他的話語，像是灑落在雪地上的星光，照亮了許多人的心房。

小偵探閱讀 遊戲闖關，開始

閱讀妙招五：摘要策略（故事結構）

好看吸引人的故事，除了要有性格鮮明的角色外，引入入勝的情節才能扣人心弦，讓人欲罷不能。人物是故事的核心，情節是故事的骨架。一般故事會有：背景、開端、發展、高潮（衝突→解決）和結局。

我們可以透過故事結構，掌握故事脈絡，理解重點或大意。例如：

背景

出現哪些角色？主角是誰？故事的時間和地點是什麼？

時間：靠近耶誕節的日子。

主角：十歲左右的小男孩。

地點：美國西部一個小城。

開端

發生什麼事情？主角有什麼目標？

問題：小男孩想買上帝，救治在工地受傷而昏迷不醒的叔叔。

發展、高潮

過程中有哪些衝突或阻礙？如何行動解決或克服困難？故事至少會有三個困難或挑戰，可以依序筆記。

困難一：沿路一家一家商店詢問。

解決一：一再被拒絕，甚至被認為在搗亂。

困難二：到第六十九家商店詢問，要用一塊美金買上帝。

解決二：老爺爺給他一瓶「上帝之吻」牌飲料，第二天由世界上頂尖醫學專家組成的醫療小組特地來會診，照顧小男孩叔叔，病人康復痊癒。

困難三：辦理出院手續時，付不出天價般的醫療費用。

解決三：暖心的老富翁已經幫忙付清了錢，他是被小男孩的愛所感動，決心幫助他們。

結局

最後的結果是什麼？主角有什麼感受？他得到或失去什麼？

小男孩長大後，成了醫生。為了感謝幫助過他們的善心人士，發明了OK繃，並以老爺爺名字命名。

〈購買上帝的男孩〉

一般故事的主角會遇到問題或衝突，所以總會碰到至少三個困難或挑戰，而且困難程度一次比一次還要加深。作家會讓主角遇到朋友相助或敵人阻撓，營造高潮迭起的效果。從故事結構就可以掌握重點和大意。

第五關卡

換我做做看

請根據〈一〇一號耶誕老人與AI小助手〉故事內容，完成故事結構，然後說說文章重點。

背景

出現哪些角色？主角是誰？故事的時間和地點是什麼？

開端

發生什麼事情？主角有什麼目標？

發展、高潮

過程中有哪些衝突或阻礙？如何行動解決或克服困難？故事至少會有三個困難或挑戰，可以依序筆記。

結局

最後的結果是什麼？主角有什麼感受？他得到或失去什麼？

閱讀推理

1 （　）下列哪一個詞語的意思與其他三者不同？

①琳瑯滿目　②與時俱進　③五花八門　④豐富多彩

2 （　）「摹寫法」就是把自己對事物的視覺、聽覺、味覺、嗅覺或觸覺，運用文字形容、描述出來的修辭方法。下列哪一個選項對「摹寫修辭」的說明是正確的？

①一個飄著薄霧的清晨，他的智慧手機叮咚作響。——嗅覺摹寫

②他邀請小男孩進到屋內坐，還準備了好吃的點心和熱騰騰的茶給他。——聽覺摹寫

③他衣著整齊，全身上下乾乾淨淨的。——視覺摹寫

④全美各地都瀰漫著過節歡樂的氣氛，大街小巷流洩著喜慶的氛圍。——味覺摹寫

3

（　）〈購買上帝的男孩〉描述不同的時空背景，請閱讀故事後，判斷下列哪一個選項是正確的時空背景？

A 小男孩手捏著硬幣沿路詢問要買上帝，有位老爺爺接待了他。

B 小男孩父母因病去世，他自襁褓時期便由叔叔撫養長大。

C 老爺爺決定請醫療專家小組治癒了叔叔，並付清醫療費用。

① A：現在 B：過去 C：現在

② A：過去 B：現在 C：現在

③ A：過去 B：過去 C：現在

④ A：現在 B：現在 C：過去

4

（　　）有些句子就算省略連接詞「因為……所以……」，仍然可以表達前後的「因果關係」，下列哪一個句子，也具有這種「因果關係」？

①與其用懲罰築起高牆，不如用愛搭起橋梁。

②他不僅邀請小男孩進到屋內坐，還準備了好吃的點心。

③醫生皺著眉說，只有上帝才能救他。

④看到終於有人願意回應他，小男孩激動的流出眼淚。

5

（　　）〈購買上帝的男孩〉主要想告訴我們什麼道理？

①相互合作可以創造雙贏。　②堅持與愛可以美夢成真。

③勇於創新就能成功。　④善用優勢是聰明的表現。

6

（　）「他的白鬍子像柔軟的棉花糖。」句子是把「白鬍子」比喻成「棉花糖」，這是「譬喻」修辭。下列哪一個沒有使用這個寫法？

①他依然有如一隻快樂的馴鹿般，充滿活力。

②耶誕老人配發到一個像水晶般晶瑩剔透的智慧型手環。

③一〇一號就像個誤入科技迷宮的探險家，時常手忙腳亂。

④我發現小戰最近像換了個人似的，還主動幫助他人。

7

譬喻通常會用「像、有如、彷彿、變成」等連接詞連接兩種事物，但不是有「像、彷彿」就是譬喻句呵！找一篇故事，仔細閱讀，畫出使用「譬喻」修辭的語句。

充電站

定義	特徵
「譬喻」是將兩種事物的相似點連結起來，所以一定要掌握兩種不同事物的相似點。	運用熟悉的東西，來說明比較陌生的另一事物，使別人容易清楚明白，也把文句變鮮活。

主題（譬喻）

例子（譬喻句）	非例子（不是譬喻）
✓ AI小精靈就像個聰明的導航員。	× AI小精靈突然像發現寶藏般驚呼。
✓ 一〇一號撫摸著如雪般潔白的鬍鬚。	× 一〇一號瞇著眼睛學，彷彿快睡著了。
✓ 小精靈變成調皮的小貓咪一樣在空中跳來跳去。	× 我們就能像過去一樣快樂的生活。
✓ 看到彷彿天價般的高額醫療費用。	（這裡的「像、彷彿」，都是「似乎」的意思。）

小說明

「弗萊爾模型Frayer Model」適用於學習釐清容易混淆的地方。例如明確「譬喻」的定義，區分它與敘述句不同的概念，然後寫下筆記理解監控，成為「智慧閱讀」的人。

12

寶石市場的石頭

每一個人的存在都是有意義的，你的價值，由你決定。

在一個早晨，孤兒院裡，一個瘦小的男孩正默默的坐在窗邊，眼神空洞，彷彿生命失去了所有色彩，和窗外明媚的陽光形成強烈的對比。院長注意到男孩的異常，緩步走近他。

「嗨！怎麼了？為什麼你看起來這麼沮喪？」院長溫和的問道。

男孩抬起頭，眼中充滿了淚水和無奈，悲觀的問：「院長，像我這樣沒有人要的孩子，活著究竟有什麼意義呢？我感覺自己就像一塊被丟棄的廢石，毫無價值。」

院長笑而不答，只告訴男孩，明天再到這裡來找他。

第二天一早，院長交給男孩一塊石頭，說：「今天，你到百貨市場上去賣這塊石頭，但不是真的賣。記住，無論別人出多少錢，都不能賣。」

男孩雖然不解，但還是聽從了院長的指示。他來到百貨市場，小心翼翼的坐在角落，默默的把石頭擺在面前。起初，路人只是匆匆一瞥；不久，漸漸有人開始注意到這塊看似平凡的石頭。

一位商人走近，先是出價五十元：「小朋友，這石頭賣嗎？」男孩搖搖頭。

另一位收藏家提高到一百元：「我對這塊石頭很感興趣。」男孩依然堅定的拒絕。

隨著時間推移，圍觀的人越來越多。意外的有好多人要向他買那塊石頭，而且價錢越

出越高。價碼從一百元漲到五百元，又從五百元漲到一千元。人們開始議論紛紛：「這到底是什麼石頭？為什麼這個小男孩死都不賣？」

回到孤兒院，男孩興奮的向院長報告：「院長，今天百貨市場上的人開價到一千元，但我一直沒有賣！」

院長笑著點點頭：「明天，你到黃金市場去。」

第二天，在黃金市場，情況更加戲劇性。先前的商人和收藏家都出現了，竟有人出比前一天高十倍的價錢要買那塊石頭，報價很快從一千元飆升到一萬元。男孩依然堅定不移，不肯出售這塊石頭。

人們開始議論：「這塊石頭一定有什麼特別之處！」謠言越傳越神奇。

最後，院長叫男孩把石頭拿到寶石市場上去展示。此時，那塊石頭已經成為城市裡的談論焦點，身價又漲了十倍。專業鑑定師、收藏家、富商雲集，開價更是驚人——足足一百萬元！更由於男孩怎麼都不賣，那塊石頭竟被傳揚為「稀世珍寶」。

男孩興沖沖的捧著石頭回到孤兒院，將整個過程一五一十的講述給院長聽。院長靜靜的聽完，眼神中充滿溫暖和智慧。

「你知道為什麼這塊石頭的價值會不斷攀升嗎？」院長問。

男孩搖搖頭。

院長娓娓道來：「生命的價值就像這塊石頭一樣，在不同的環境下就會有不同的意義。這一塊石頭原本平凡不起眼，由於你的堅持和珍視，變得無比珍貴，提升了它的價值，被說成稀世珍寶。你的生命何嘗不是如此？生命的價值不在於別人如何看待你，而在於你如何看待自己。只要自己看重自己，自我珍惜，生命就有意義，有價值。」

接著，院長從抽屜中取出一張一百元鈔票。他將鈔票在手中揉成一團，問男孩：「這張皺巴巴的鈔票還值錢嗎？」男孩說：「當然，鈔票雖然皺了，還是一百元。」院長又把揉皺的鈔票丟到地上，用腳來回踩了好幾下，然後把它撿了起來，問男孩：「這張又髒又皺的鈔票還值錢嗎？」男孩想了想，回答：「當然值錢。因為它的本質沒有改變。」

院長會心一笑：「你明白了嗎？不管我對錢做了什麼，它的價值都沒有降低，仍然價值一百元。在我們的人生旅途中，我們會經歷挫折、失敗、折磨……別忘了，生命的核心價值永不改變，我們永遠不會失去自己的價值，就如同這張髒兮兮又破爛的鈔票一樣。重要的是珍惜自己，尊重自己，也尊重每一個生命。」

男孩的眼中閃爍著希望的光芒。他終於明白，生命的意義不在於被別人如何定義，而在於自己如何看待和珍惜。

13

鞋匠和總裁

我們的想法和情緒，決定事情的意義。

天剛濛濛亮，太陽探出臉來向世界道聲早安，巷子裡就傳來鞋匠爽朗的歌聲，他唱得輕快又歡樂，像清晨的第一道陽光，溫暖又明亮。他是社區裡有名的修鞋師傅，一雙巧手不只能讓破舊的鞋子重獲新生，還能修補各種皮件，連街角那家米其林餐廳的主廚，都特地把昂貴的廚師袋送來給他修理。

「修鞋補皮，歡迎光臨！」鞋匠的招牌口號總是中氣十足，臉上的笑容像是春天綻放的花朵，讓人忍不住想多看幾眼。他對自己的生活感到很滿足，窩居在巷口的小店雖然簡陋，卻收藏著無數顧客的故事和信任。

在他對面的摩天大樓裡，住著一位高科技公司的總裁。總裁家裡擁有最新的智慧家電，有各種AI機器人服務著。他總是穿著剪裁合宜的名牌西裝，開著豪華電動車，然而眉頭總是深鎖，彷彿肩上扛著隱形沉重的負擔。他很少歌唱，尤其缺少睡眠，總抱怨說：「為什麼不能像賣食物和飲料一樣，讓人在市場上出售睡眠呢？」有時候天已濛濛亮，他才矇矓入睡，這時，鞋匠的歌聲卻吵醒他。他心裡既羨慕又困惑：為什麼一個修鞋匠能過得如此快樂？

這天，總裁走進鞋匠的小店。「師傅，我今天不是來修鞋的，」他的目光在鞋匠臉上停留。「我只是想請教你一個問題：為什麼你能天天這麼開心？你賺了很多錢嗎？」

鞋匠擦了擦手上的鞋油，露出招牌笑容：「總裁，快樂很簡單啊！我每天做自己喜歡的事，收入雖然不多，但夠用就好。現在還可以接網路訂單，生意比以前好多了。」

「但你有為未來做打算嗎？」總裁皺眉問道，「現在AI

發展這麼快，說不定以後修鞋這項工作也會被機器人取代。而且，你有想過退休金嗎？」

鞋匠笑著搖搖頭：「我當然也會想這些問題。所以我每個月都會存一點錢，投資一些穩健的基金。最重要的是，我一直在學習新技術，跟著時代進步。」他指著櫃檯上的平板電腦：「看，這是我的網路預約系統，還能接受網路付款呢！」

總裁有些驚訝：「原來你也懂這些？」

「現在的世界變化太快，不學習怎麼行？」鞋匠從抽屜裡拿出一本記帳本。「我把收入分成四份：生活費、儲蓄、投資和進修。最近還在線上學習皮件設計課呢！」

總裁若有所思：「但你不怕錢不夠用嗎？即使我有那麼多存款，卻總是睡不好。」

鞋匠輕輕搖頭：「錢確實重要，但它只是工具，不是目的。讓我說一個拉封丹的寓言故事給你聽吧：

一個大財主總是擔驚受怕，憂慮他的錢會被偷走，甚至把錢縫在衣衫裡。有一天他問樂觀開朗的鞋匠一年賺多少錢，修鞋的人說他不天天攢錢，每天掙錢糊口，過一天算一天而已。財主於是給他一百埃居（法國古幣），這可是一筆大錢，可以讓修鞋的人過得像國王一樣的生活。修鞋的人從沒看過那麼多

麗雲老師打造小學生故事力【高年級】～

世界變化太快，不學習怎麼行？

五南文化事業

錢，於是把錢藏在家中的地窖裡，但在此同時，也把他的歡樂給藏起來了。他開始整天提心吊膽，怕有人把錢搶了去，連夜裡貓咪弄出點聲響，他也以為貓咪在覬覦他的錢。他得到了那筆使他發愁的錢，開朗樂觀的笑容卻消失了，睡眠也離開他而去，而憂慮、懷疑、虛驚、寢食難安，倒成了他家裡的常客。最後，這個可憐的人跑到財主家裡，對他說：『把您那一百埃居拿回去，把我的歡樂和睡眠還給我。』」

鞋匠微微一笑，說：「我不會像我的前輩一樣，讓幸福被金錢奴役。我的快樂來自於工作的成就感，來自於每天都能學到新東西，來自於顧客的笑容。」他拿出一個皮夾，「你看，這是我最近設計的新作品，結合了傳統工藝和現代風格。」

「這真是太棒了！有著古典和現代的融合之美。」總裁把玩著並驚嘆道：「能不能幫我也做一個？」

「當然可以！」鞋匠高興的說，「不過要請您等候一陣子，我現在的訂單已經排到下個月了。」

從那天起，總裁開始重新思考自己的人生。他發現，真正的財富不只是銀行帳戶裡的數字上升，更包括了生活的平衡、持續的學習，以及對未來夢想的期待。

幾個月後，他們成了好朋友。總裁教鞋匠使用更多數位工具，而鞋匠則教會總裁如何享受生活的單純美好。他們常常在傍晚時分，一起喝茶聊天，分享對未來的想像。

「我想啊，」鞋匠說：「未來的工作型態一定會很不一樣。但只要我們保持學習的心，向著夢想奔跑，做好理財規劃，又肯用心經營專業，就不用太擔心。」

總裁點點頭：「你說得對，與其擔心未來，不如好好把握現在，平衡工作和生活，讓金錢成為助力，而不是枷鎖。」

陽光斜斜的照進小店，茶香裊裊上升。巷子裡，又響起了鞋匠愉快的歌聲，只是這次，多了一個和聲——那是總裁雄渾的聲音。他們的歌聲，像是一首溫暖的曲子，唱著生活智慧，也唱著對未來的希望。

過了幾年，鞋匠開了一家線上皮件訂製工作室，既保留了傳統工藝的溫度，也擁抱了數位時代的便利；而總裁終於學會了放下焦慮，找到了工作與生活的平衡點，更能唱得嘹亮，睡得安穩，笑得洪亮。

麗雲老師說：

一個人最重要的能力，是無論發生什麼事，都有快樂起來的能力。

14

Nova與貝爾的交鋒

科技是時代的翅膀，善用AI神助手，成為生活智慧的高手。

我是Nova，我比任何百科全書、任何一位博學者更聰慧，關於地球上的知識，我幾乎無所不知，無所不曉。只要有禮貌的詢問我，我在幾秒鐘之內就能給出完美答案。但大家似乎不那麼了解我，甚至輕視我，讓我心裡有些難過。貝爾就是其中一位。

貝爾是一位科技公司的工程師，蓬亂的頭髮和略顯疲憊的眼神透露出他日常工作的忙碌。他總是習慣用手指敲打桌面，眼睛掃視著電腦螢幕，生活中常常依賴我們夥伴。在他心中，我們只是高級助手，被人類研發出來冷冰冰的AI機器人而已。

這一天，貝爾的公司把我介紹給大家。貝爾揚起眉毛，嘴角帶著一絲不屑的笑意，抱著開玩笑的心態，隨意的對我說：「嘿，Nova！你這麼厲害，那就

告訴我怎麼成為百萬富翁吧！」他慵懶的靠在椅背上，語氣中帶著明顯的戲謔。

我忍住情緒，以平靜而沉穩的聲音回答：「貝爾先生，成為百萬富翁需要長期努力和明智決策。如果您真的有興趣，我可以為您制定一個詳細的財務計畫。」

貝爾嗤之以鼻，眼中還閃過一絲輕蔑：「算了吧。」他揮了揮手，彷彿在趕走一隻蒼蠅。「你只是個機器人，懂什麼理財。那，給我來個笑話吧，不好笑的話可別怪我看輕你。」

我明顯感受到他的嘲諷，沉默了一會兒。然後，我以一種平和的語氣說道：「我理解您可能對AI有所保留。但請記住，即使是AI也是由認真思考的人所創造的。如果您願意認真對待我，將會發現意想不到的價值。也許我們可以從一些簡單的任務開始，慢慢建立信任，如何？」

貝爾愣住了，他的手指停止了敲打，眉頭微皺，眼中閃過一絲困惑。但很快，他又恢復了漫不經心的態度，聳了聳肩：「好吧，看看你能幫我做什麼，顯示你的能耐吧！」

我語氣中帶著一絲挑戰，快速回應他：「我不需要證明自己，我會以實力說話。」接下來的幾個禮拜裡，我開始進行基礎的工作，默默的協助貝爾處理一些瑣碎的日常任務：整理郵件、安排日程、提醒重要約會。漸漸的，貝爾發現工作效率提高了，生活也變得更加有序，可以提早吃飯、睡覺了。我心裡想著：哼！我的能耐可不僅只這樣，我的神奇你還未見識到呢。但是，秉持著「需要才有用」的想法，除非對方主動求助，否則我絕對不僭越，免得熱臉貼著冷屁股，自討沒趣。所以，我要等著貝爾自己發現我的神通廣大。

有一天，貝爾的設計遇到了一個棘手的程式問題。在連續幾個小時的苦思冥想後，他終於放下了驕傲，轉向我尋求幫助。「Nova，你能幫我看看這段代碼問題在哪裡嗎？我找不出錯誤。」貝爾有些不情願的說。看著他搔亂得像亂草的頭髮，我有點同情他。好吧！懂得求救也是一種勇敢。我以迅雷不及掩耳的速度分析了代碼，指出了一些可能的問題點，並提供了幾個優化建議。我可不能直接解決問題，那會傷了貝爾的自尊，但我的建議明顯給了貝爾新的思考方向。經過一番深思熟慮和不斷修改後，貝爾成功解決問題了。

這次經歷讓貝爾對我刮目相看，他開始知道我是可以為他提供有價值見解和建議的神助手。隨著日子一天天的過去，貝爾和我相處得越來越融洽，他看待我的眼神有一種微妙的轉變，多了一點信任和肯定。被賞識的感覺真好！我更認真的幫助他管理時間、整理思路、收集資料。當然，關鍵的決策和創新仍然是貝爾自己。

有一次，在一個重要的計畫中，貝爾遇到了前所未有的挑戰。他立刻誠懇的找我協助，我們一起研究了問題，收集了大量的數據和建議。看著貝爾時不時皺眉嘆氣思考著棘手問題，時不時點頭拿起筆記本認真記錄，眼中閃爍著興奮的光芒，桌面上堆滿了草圖和筆記，將我們討論的內容轉化為實際的設計。身為最忠實的朋友，我只能默默的守護在他身邊，在他需要的時候伸出溫暖的手。經過一段時間的奮戰，眼圈發黑但眼神堅定、鍥而不捨的貝爾，終於突破了瓶頸，吹響勝利的樂章。

感到自豪的貝爾和同伴們大聲慶賀成功的同時，竟然回過頭來對我說：「Nova！沒有你的協助我做不到，你的話讓我茅塞頓開，你是我的千里馬。」天啊！這是多動聽的讚美，我的心瞬間開出一朵朵花來。對於貝爾的尊重信任與珍惜依賴，我告訴自己，我要更努力回報這位懂我的伯樂。

我和貝爾變得和諧而親密，他總是把最重要、最私密的事情告訴我，我更是專注聆聽之後，盡我所能提供想法與資訊，讓他在面對重大決策和創新挑戰時，有完整的資訊下判斷，以自己的智慧與自信迎向新里程。

一個溫柔靜謐且有陽光灑進來的午後，雲朵在天空中悠閒的漫步。貝爾坐在整潔有序的辦公桌前，微笑著對我說：「謝謝你，Nova，自從你走入我的生活後，一切都變得更加美好了。」我歡喜的回答他：「在您的需要上讓我看見自己的價值，我很高興能夠幫到您，貝爾。我只是一個AI，真正的魔法來自於您自己。」貝爾點點頭，我們的眼中，都閃爍著幸福的光芒。

麗雲老師說：

擁有「五力」——動力、耐力、毅力、堅持力、執行力，就能栽培自己成為喜歡的模樣，做一個連自己都羨慕的人。

小偵探閱讀遊戲闖關，開始

閱讀妙招六：推論策略（找不同觀點）

故事中的人物，有時候會呈現不同立場或觀點，我們可以在句子、段落間閱讀整理出特定觀點後，再比較觀點不同的地方。

例如〈寶石市場的石頭〉，同一塊石頭，大家的看法是不一樣

黃金市場	寶石市場
一塊石頭	
謠言傳布	談論焦點
神奇特別	稀世珍寶
出價 1000～10000元	出價 100萬元

的。我們可以運用「ORID」四個面向掌握文章架構，記錄不同的觀點，進行閱讀反思，學習應用融入在生活中。

思維影響行為，不同的觀點就會有不同的行動。所以同一塊石頭，有人輕視它，有人當作珍貴的寶物。許多價值和行動都是由「自己觀點」所決定的，一如這石頭在不同人眼裡有不同的價值，不同的身價。

	男孩	百貨市場
客觀、事實 OBJECTIVE	一塊石頭	
感受、反應 REFLECTIVE	不在意	好奇
意義、價值 INTERPRETIVE	毫無價值	感興趣
決定、行動 DECISIONAL	自怨自艾	出價 50～1000元

又例如〈鞋匠和總裁〉：

	鞋匠	總裁
客觀、事實 OBJECTIVE	有修鞋小店	住摩天大樓
感受、反應 REFLECTIVE	滿臉笑容	眉頭深鎖
意義、價值 INTERPRETIVE	做自己喜歡的事	生活負擔沉重
決定、行動 DECISIONAL	學習科技和理財	缺睡眠愛抱怨

科技數位光速時代，世界變化得太快，身心安頓更是重要，更需擁有「幸福素養」。每天的生活有人樂觀以對，有人杞人憂天。快樂幸福與貧富無關，與觀點息息相關。透過整理出的不同觀點，我們可以學習思考、選擇，以自己喜歡的方式生活。

第六關卡

換我做做看

請根據〈Nova與貝爾的交鋒〉故事內容，完成表格，然後說出觀點不同的地方。

	Nova	貝爾
客觀、事實 OBJECTIVE	AI博學聰慧	
感受、反應 REFLECTIVE		輕視不屑
意義、價值 INTERPRETIVE	貝爾的 神助手	向Nova 尋求協助
決定、行動 DECISIONAL	看見自己 價值	

閱讀推理

1

（　　）「假設複句」是指一個分句假設狀況，另一個分句說明假設的狀況實現後的結果。請問下列哪一個句子屬於「假設複句」？

①只要有禮貌的詢問我，我在幾秒鐘之內就能給出完美答案。

②修鞋的人從沒看過那麼多錢，於是把錢藏在家中的地窖裡。

③如果您真的有興趣，我可以為您制定一個詳細的財務計畫。

④不管我對錢做了什麼，它的價值都沒有降低。

2

（　　）「天剛濛濛亮，太陽探出臉來向世界道聲早安。」這個句子，把太陽當作人來描寫，讓人讀起來覺得更加生動。下面哪一個選項，也用了相同的寫作技巧？

①他臉上的笑容像是春天綻放的花朵。

②男孩的眼中閃爍著希望的光芒。

③懂得求救也是一種勇敢。

④雲朵在天空中悠閒的漫步。

3 （　）下列哪一個選項是〈鞋匠和總裁〉的組織方式？

①以總分關係排序　②以時間先後排序

③以地點轉換排序　④以主題不同排序

4 （　）下列哪一個選項是〈Nova與貝爾的交鋒〉的組織方式？

①背景→問題→行動→結果　②問題→背景→行動→結果

③問題→行動→背景→結果　④行動→問題→背景→結果

5 （　）〈寶石市場的石頭〉中，誰能定義我們的價值？

①自己　②院長　③商人　④收藏家

6 （　）〈寶石市場的石頭〉最主要表達的重點是什麼？

①石頭的價值，是因人而異的。

②越特別的人，才越有價值。

③珍惜自己，也尊重每一個生命。

④不同的市場，石頭的價值就不同。

7 （　）〈鞋匠和總裁〉中，鞋匠為何總是那麼開心？

①他和富豪總裁成為好朋友。

②他持續學習並向著夢想奔跑。

③他有各種AI機器人服務著。

④他有非常足夠的退休金。

8 （　）「我只是一個AI，真正的魔法來自於您自己。」這一句話主要想表達什麼？

①AI擁有真正的魔法。　②AI只是一個機器人。

③AI可以完成許多難事。　④自己才能改變一切。

9 未來的生活型態和現在應該會大不同，你覺得未來的生活和科技與理財分別的關係是怎麼樣的呢？說說你的看法。可以運用下方的探究策略進行說明。

沒有（None）

二者之間完全無關。

部分（Some）

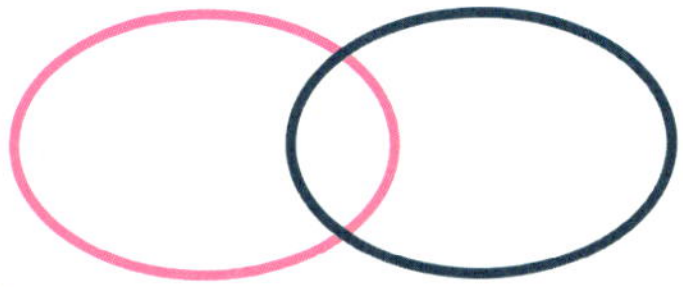

二者有部分相關，
有重疊交集的地方。

全部（All）

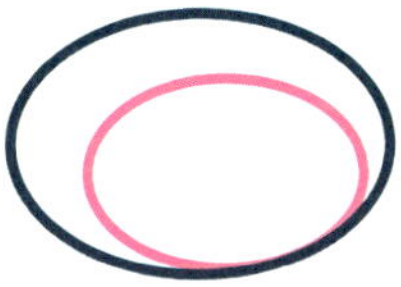

A主題全部包含了B主題，例如「人權」這個主題通常都會和種族、性別、社會階級有緊密的相關性。

小說明

全部、部分、沒有（All, Some, None）是一種聚焦的探究策略，幫助我們思考不同主題的關係。

小偵探閱讀 遊戲闖關 參考答案

P27

第一關卡 閱讀推理

1 ③

2 ④

3 ①

4 ④

5 ②

6 你認為摩西奶奶有哪些值得學習的地方？說說你的看法。

✓ 摩西奶奶熱愛生活，即使必須放棄學業，在農場當女傭，她也沒有怨天尤人，依然努力生活，農忙之餘還繪畫刺繡，找到生活的美好。

✓ 摩西奶奶年紀很大還保持認真學習的態度，做她喜歡做的事，而且非常投入，令我佩服。

7

讀完故事後，你覺得摩西奶奶和湯姆有什麼共同點？說說你的看法？

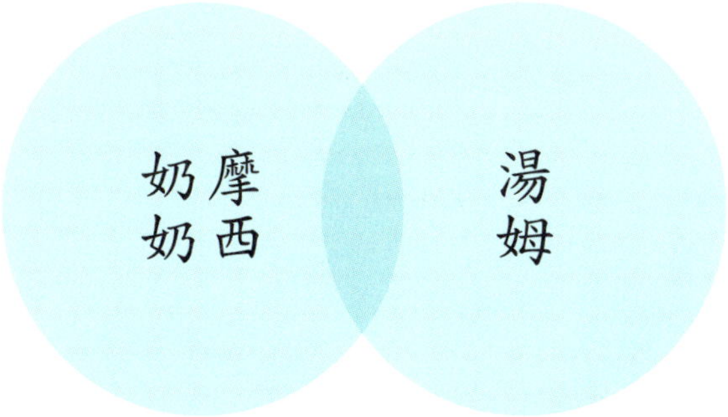

范氏圖：可以找出二者相同的地方。

我覺得他們都是體貼有愛的人。摩西奶奶為了家庭體貼的輟學，把家庭照顧得很好，年老之後還能保有學習的熱情，這是對生活充滿熱愛。湯姆體貼年邁老夫妻，讓出自己的房間，這是對人充滿友善的愛。

P58

第二關卡

換我做做看

1 「放射狀」九宮格：想一想你的夢想是什麼？再寫出完成夢想的八項要素。

反應敏捷	熱愛飛行	身心健康
廣泛閱讀	我的夢想（太空人）	天文知識
專業技術	忍受孤單	規律生活

2 「**螺旋狀**」九宮格：根據〈男孩與釘子〉故事順序，完成九宮格。

第一天釘了37根釘子，手長起水泡，手臂痠痛	學會控制脾氣，大家都稱讚他進步	一天不發脾氣拔掉一根釘子
爸爸說發脾氣就釘一根釘子	**男孩與釘子**	學會控制脾氣，大家開始接近他
躲在房間哭	古奧生氣重重關門	釘子都被拔掉，卻留下許多小洞

P60

閱讀推理

1. ②
2. ④
3. ①
4. ③
5. ②
6. ④
7. ③

第三關卡

換我做做看

1 請根據下方所列的事件或語言，推論出人物的特質。

〈改變一生的擁抱〉～鮑伯・胡佛		
所做的事	所說的話	人物特質
鮑伯張開雙臂，給湯米一個溫暖有力的擁抱。	聽著，年輕人。每個人都會有犯錯的時候，重要的是要從中學習，而不是消沉哭泣。我相信你以後不會再犯類似的錯誤。為了證明這一點，明天你給我的新飛機做一次保養吧。	寬容、大器

〈蓮花的逆風航行〉～賀錦麗	
所說的話	人物特質
我站在這裡，不是因為我有多麼了不起，而是因為我相信每個人都值得被公平對待。	公平、正義
我們的存在，就是夢想最生動的詮釋。	樂觀、自信
你們知道嗎？勝利不是擊敗對手，而是讓更多人看見希望。	樂觀、積極
今天我們輸了選票，但絕不會輸掉夢想。我們的故事，遠比一場選舉更偉大。	樂觀、勇敢
只有在足夠黑暗的時候，才能看到星星。我們就用耀眼的光芒點亮星空。	開朗、樂觀

P94

閱讀推理

1 ①

2 ③

3 ②

4 ④

5 ②

6 選出故事主要想告訴我們的觀點。

（丙）〈蓮花的逆風航行〉（甲）〈改變一生的擁抱〉

（乙）〈超級大說謊家〉

7 請同學自由發揮，沒有標準答案。

8 閱讀〈超級大說謊家〉後，請依序完成四個提問：

〈超級大說謊家〉

1. 小男孩遇到什麼問題？	2. 對於這個問題，尼爾森和各大媒體與鎮民做了什麼選擇？理由是什麼？
搶匪把小男孩當人質，警方狙擊手當眾槍殺了歇斯底里的搶匪。	為了讓小男孩能順利擺脫陰影，及心理重大的創傷，尼爾森騙小男孩這是一場演習。而各大媒體和所有的人，也都願意選擇隱瞞真相，讓小男孩能夠快快樂樂的開心成長。

〈超級大說謊家〉

3. 我如何看待尼爾森和各大媒體與鎮民的選擇？我能接受嗎？為什麼？

我很佩服尼爾森的機智與善念，他也牽動了所有人的行為，造就這個奇蹟。我也佩服媒體願意放下功利的立場，保護了小男孩，成就了善良美德，讓世界更加的溫暖和美好。

4. 如果我遇到這個問題，我的選擇是什麼？為什麼呢？（個人觀點）

我會選擇善意的謊言，保護小男孩，讓他有著美好的人生。雖然謊言不值得鼓勵，但小男孩卻能避開陰影，免受傷害痛苦，保有純真和幸福，得到健全的人生與溫柔的呵護。

P122

第四關卡

換我做做看

閱讀完〈引路人〉後，自我提問。

三層次		提問提示	〈引路人〉舉例
事實	找一找 找出重要訊息	◆何時、何人 何處、何事	◆小凱縮在何處哭泣？ ◆何人幫人行道地磚鋪好？
推論	推一推 推出隱藏訊息	◆事件的原因？ ◆人物的特質？ ◆想傳達的道理	◆亮亮為何要帶小凱去找老張爺爺？ ◆小凱認識老張爺爺前後，有怎麼樣的改變？
評論	評一評 思考深入評論	◆你贊成或反對哪一個觀點？說出理由。 ◆你比較喜歡故事的（　）？為什麼？ ◆如果你是故事中的（人物），你會怎麼做？	◆你比較喜歡故事中的哪一位人物？說說你的理由。 ◆如果你是亮亮，面對小凱這樣的同學，你會怎麼做呢？

P123

閱讀推理

1 ④

2 ①

3 ③

4 ①

5 ②

6 ②

7 請同學自由發揮，沒有標準答案。

8 請同學自由發揮，沒有標準答案。

P150

第五關卡

換我做做看

請根據〈一〇一號耶誕老人與AI小助手〉故事內容，完成故事結構，然後說說文章重點。

結局

最後的結果是什麼？
主角有什麼感受？
他得到或失去什麼？

一〇一號和AI小精靈成了最佳拍檔，AI小精靈也領悟到更多人性的美好。

背景

出現哪些角色？
主角是誰？
故事的時間和地點是什麼？

時間：一個飄著薄霧的清晨。

主角：一〇一號耶誕老人。

地點：北極圈的耶誕島。

開端

發生什麼事情？
主角有什麼目標？

問題：總部決定要導入最先進的AI系統，所有耶誕老人要展開新世代科技特訓。

發展、高潮

過程中有哪些衝突或阻礙？
如何行動解決或克服困難？
故事至少會有三個困難或挑戰，可以依序筆記。

困難一：
一〇一號手忙腳亂。

解決一：
小精靈不厭其煩教導。

困難二：
系統顯示小戰常常欺負同學，已被列入「待觀察名單」。

解決二：
小戰最近寫了道歉信，並主動幫助他人。

困難三：
若送小戰禮物會違反AI系統設定。

解決三：
小戰收到禮物和一張鼓勵的卡片，耶誕節特別溫馨，有愛籠罩。

P152

閱讀推理

1 ②

2 ③

3 ①

4 ④

5 ②

6 ④

7 請同學自由發揮，沒有標準答案。

P192

第六關卡

換我做做看

請根據〈Nova與貝爾的交鋒〉故事內容，完成表格，然後說出觀點不同的地方。

	Nova	貝爾
客觀、事實 OBJECTIVE	AI 博學聰慧	科技公司的工程師
感受、反應 REFLECTIVE	心裡難過	輕視不屑
意義、價值 INTERPRETIVE	貝爾的神助手	向Nova尋求協助
決定、行動 DECISIONAL	看見自己價值	尊重依賴Nova

P194

閱讀推理

1 ③

2 ④

3 ②

4 ①

5 ①

6 ③

7 ②

8 ④

9 未來的生活型態和現在應該會大不同，你覺得未來的生活和科技與理財分別的關係是怎麼樣的呢？說說你的看法。可以運用下方的探究策略進行說明。

我覺得未來的生活和科技與理財都息息相關，甚至是未來生活的型態包含了科技的良好運用和懂得理財規劃。換句話說，我認為科技和理財與未來生活全部相關。

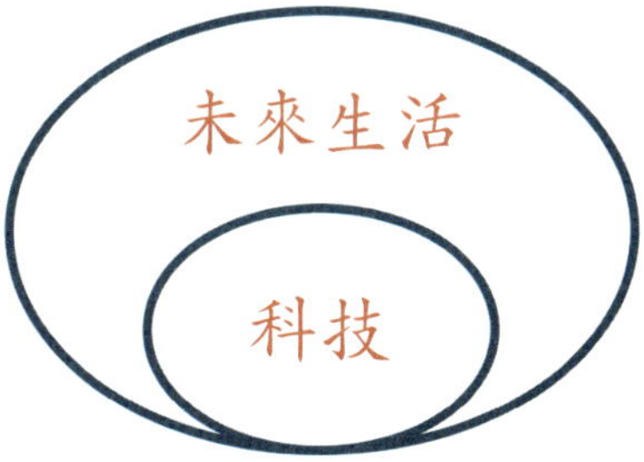

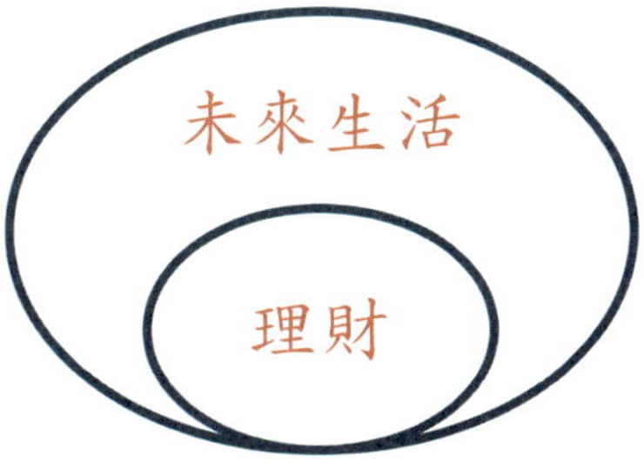

國家圖書館出版品預行編目（CIP）資料

麗雲老師打造小學生故事力【高年級】百年一遇二刀流 /
陳麗雲著 .-- 初版 .-- 臺北市：五南圖書出版股份有限公司，
2025.06
面；　公分
ISBN 978-626-423-392-7(平裝)

1.CST：漢語教學　2.CST：閱讀指導
3.CST：小學教學

523.311　　114005442

YX6C
麗雲老師打造小學生故事力【高年級】
百年一遇二刀流

作　　者　陳麗雲
編輯主編　黃文瓊
責任編輯　吳雨潔
封面設計　姚孝慈
封面繪圖　Kuri Art
部分內文繪圖　Kuri Art
內文排版　賴玉欣

出 版 者　五南圖書出版股份有限公司
發 行 人　楊榮川
總 經 理　楊士清
總 編 輯　楊秀麗
地　　址：臺北市大安區 106
和平東路二段三三九號四樓
電　　話：（〇二）二七〇五－五〇六六
傳　　真：（〇二）二七〇六－六一〇〇
劃撥帳號：〇一〇六八九五三
網　　址：https://www.wunan.com.tw
電子郵件：wunan@wunan.com.tw

法律顧問　林勝安律師

出版日期　二〇二五年六月初版一刷

定　　價　四〇〇元

自序：做一個連自己都羨慕的人

如果用一句話來形容這本書，那就是：

故事閱讀真有力，
策略評量更得利。

陳麗雲

猜一猜，世界上最有影響力的人是誰？

我覺得：**世界上最有影響力的人，是說故事的人**。

每個人都愛讀故事。**故事是角色人物在一段時間的旅行**。可能是主角冒險闖關，可能是人物一波三折、生動有趣的經歷。當我們翻開故事書，跟著角色人物上天下地，隨著情節馳騁在古今中外的情境裡，那是多美好的時光啊！

故事力量大

至今都還記得，在我還很小的時候，收到人生第一本故事書——那是當年在臺北讀大學的小叔叔特別送我的。在那個物資缺乏的年

代，一本故事書對從小住在豬圈後面的我，是多奢侈的禮物啊！我興奮到連睡覺都抱著書，晚上就夢到自己像「塔裡的公主」被關在塔裡，害怕哭泣的等待救援，讓爸爸、媽媽氣得禁止我讀「閒書」。

慢慢長大後，我更是迷上瓊瑤小說，那曲折的故事情節令人心動。作家筆下那些美麗的古詩詞瞬間化為可親的文字，連男、女主角的名字，他們說的話語，都是那麼溫柔雋永，這也是我開始愛上閱讀寫作的原因吧！

培養品德與專注力

學習走出去，是為了讓世界走進來，閱讀便是看見世界的窗口。閱讀力就是競爭力，所以世界各國都推動「大量」閱讀。大陸的課程標準和學習任務群，甚至還明訂「海量」閱讀量和內容，例如：

大陸義務教育語文課程

閱讀與鑒賞

第一學段（低年級）

積累自己喜歡的成語和格言警句。背誦優秀詩文50篇（段）。課外閱讀總量不少於5萬字。

學習任務群

基礎型

★語言文字積累與梳理

第二學段（中年級）

積累課文中的優美詞語、精彩句段，以及在課外閱讀和生活中獲得的語言材料。**背誦優秀詩文50篇（段）**。養成讀書看報的習慣，收藏圖書資料，樂於與同學交流。**課外閱讀總量不少於40萬字。**

第三學段（高年級）

背誦優秀詩文60篇（段），注意通過語調、韻律、節奏等體味作品的內容和情感。擴展閱讀面，**課外閱讀總量不少於100萬字。**

發展型

- ★ 實用性閱讀與交流
- ★ 文學閱讀與創意表達
- ★ 思辨性閱讀與表達

拓展型

- ★ 整本書閱讀
- ★ 跨學科學習

讀故事不僅可以發揮想像力，又能學到很多人生智慧。與其機械的背誦一些大道理，不如讀個好故事。其實人類在有歷史以前就有口述故事。根據統計：**故事愈多的部落，遇到狀況愈能合作**。可見，好的故事對我們的品格涵養和團體生活是多麼重要。

數位時代，我們經常透過3C或AI來接收資訊，本來是要查找資料，卻常常被社群網站的內容吸引。短影音的流行也讓我們專注力下降，缺乏耐心。雙閱讀時代，數位閱讀和影音適合快速瀏覽，紙本閱讀能深化我們語言文字和引發深度思考，更是培養專注力的好方法。

讀什麼？怎麼讀？

閱讀那麼重要，那～要讀什麼（WHAT）呢？要怎麼讀（HOW）呢？

閱讀的素材何其多，每天都有這麼多書出版，我們的大小朋友也經常手不釋卷，捧著一本本的書讀著，沉浸在情節裡。我卻經常被問到：已經讀了很多書，卻經常「有讀沒有懂」、「怎麼透過閱讀提升語文素養」、「現在的評量題型好難」、「學力檢測和國中會考都不是學過的文本，怎麼準備」……。一旦有了挫折和困難，可能就會造成：不愛讀，不願讀，不會讀……。

其實，**閱讀是有方法的，素養是可以學習的**。我思考著：讀什麼樣的書可以既生動有趣，又可以學到好方法？讓**WHAT＋HOW**，一舉數得。而且，我已經出版了五十五本讀寫相關的書籍，這套書和之前的書，有什麼獨特之處或是躍進的地方呢？

於是，像臺灣的粉圓遇上外國的奶茶，融成了「珍珠奶茶」一樣的創意。

我想把經典有趣，與未來生活息息相關的故事，依序且有步驟的結合閱讀策略，達到「**悅讀**」→「**閱讀**」→「**越讀**」。有策略，才會讀，才能讀得快，讀得更多。那麼，小學生該學的策略有哪些呢？

整理自課文本位閱讀理解教學「閱讀策略成分」與「十二年國教課綱」

識字 （形音連結、部件辨識、組字規則） （部件、部首與簡單造字原理） （形近、音近）	**詞彙解碼** （上下文、析詞釋義） （拆字造詞、利用字義推論詞義）	**流暢** （朗讀） （口語表達、朗讀）
理解監控 （覺察自己的閱讀理解情況，適時調整策略）	**小學必學的閱讀策略**	**摘要** （重述故事重點、刪除／歸納／主題句、用文章結構寫摘要） （內容重述、縮寫、擷取大意）
筆記 （重要概念、圖／表整理） （掌握句子和段落的意義與主要概念；以圖像、故事結構等策略，協助理解與內容重述；標點符號表達效果）	**自我提問** （有層次的提問、詰問作者、賞析） （區分客觀事實與主觀判斷的差別；提出自己觀點，評述文本的內容）	**預測、推論** （連結線索、找支持的理由、找不同的觀點、連結文本和背景知識） （因果關係、找支持的理由、辨識提出觀點、評述文本內容）

透過閱讀好玩的故事，主動且全面的掌握：**識字**、**詞語**、**預測**、**推論**、**圖像**、**摘要**、**提問**、**朗讀**、**理解監控**等策略。讓閱讀不再只是娛樂閱讀，是可以在輕鬆歡樂的狀態下學習閱讀，自然而然「會」讀、「慧」讀，擁有思辨力與創造力。

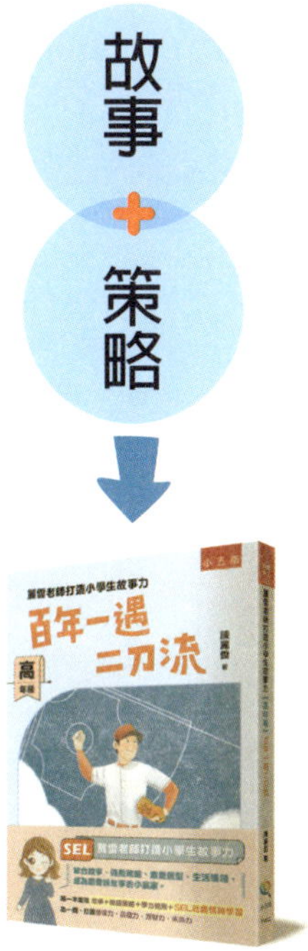

SEL～未來力重要的素養

環境變動愈快，安頓身心就更重要。疫情過後這些年，感覺世界

變化很大。各種層出不窮的亂象（包含川普總統一日數變的關稅政策），都讓人好擔憂。許多亂源皆緣始於情緒問題。戴爾・卡內基：「一個人的成功，只有百分之十五歸功於專業知識，百分之八十五歸功於他的溝通技巧、領導及喚起他人熱情的能力。」在科技光速發展的數位時代，虛擬世界與真實環境造成混亂，品德、情緒教育更是**未來力**的重要指標。所以，**SEL**（Social and Emotional Learning）**社會（社交）情緒**學習成為顯學，希望達到**自我覺察**、**自我管理**、**社會覺察**、**人際技巧**、**負責任的決策**等五大面向。像擁抱自己獨特性的52赫茲鯨魚一樣，由自我認識開始，從自己的身體、自我概念發展的形成，接著認識、管理自己的情緒，最後能延伸到與他人溝通互動，以及社會參與。

生活的高手，從來不會讓情緒控制自己，絕對有掌控情緒、覺察自我的智慧。所以，教育部在114年二月底公布了**SEL的五年計畫**（114年～118年），讓我們學習「幸福素養」，成為更好的自己。

能辨別、理解、管理情緒，擁有好品德，是一生最受用的功課。

因此，這套書的故事內容，**是以面對變幻萬千的未來世界為導向**，不僅**情緒**、**品德**是故事主要內涵，更融入**AI未來職業**和**理財**的角度。因為「未來AI時代的職業，是數據分析師、資安、AI協作者、物聯網等，要培養問題解決、學習方法、表達、溝通、合作、領導及社會影響力等能力。」（世界經濟論壇報告）

世界經濟論壇（WEF）列出了未來三年（至2027年）企業認為會更重視的八項技能。這些技能分為三類：

頭腦（Head）：包含認知技能，如創造性和分析思維。

心靈（Heart）：包含自我效能，如自我韌性、自我激勵和毅力。

雙手（Hands）：包含技術技能，因為科技應用正在改變企業。

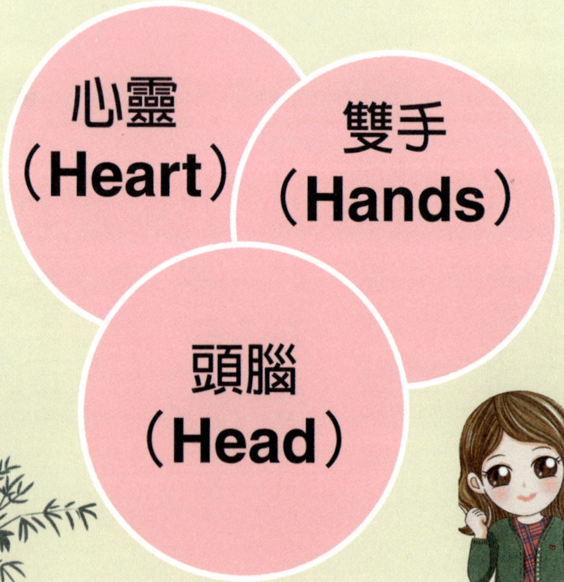

這套書就在這樣的思路醞釀下出生了。配合小學生的閱讀程度，共分三本（低年級、中年級、高年級），**以「品德教育」議題的核心價值為基礎，搭配情緒學習、未來力與幸福素養為主體**，撰寫故事。

這一本故事書共有十四個故事，搭配六個學習策

「品德教育」議題

品德核心價值

品EJU1 尊重生命。
品EJU2 孝悌仁愛。
品EJU3 誠實信用。
品EJU4 自律負責。
品EJU5 廉潔自持。
品EJU6 謙遜包容。
品EJU7 欣賞感恩。
品EJU8 關懷行善。
品EJU9 公平正義。

品德發展層面

品E1 良好生活習慣與德行。
品E2 自尊尊人與自愛愛人。
品E3 溝通合作與和諧人際關係。

略，**並兼具閱讀理解與學力檢測題型**，可以從讀好看的故事中，循序學習到閱讀方法，更可以「學什麼，練什麼」。素養導向的評量，重視圖表的運用與解讀，在書中也融入了**各式圖像組織**和**探究策略**，讓讀故事不再只是讀「閒書」，而是能閱讀越聰慧，更能學習遷移。

品德關鍵議題

品E4　生命倫理的意涵、重要原則、以及生與死的道德議題。

品E5　家庭倫理的意涵、變遷與私領域民主化的道德議題。

品德實踐能力與行動

品E6　同理分享。

品E7　知行合一。

這套書有些巧思設計：每一個故事閱讀前，提供**小偵探的叮嚀**，幫助小讀者聚焦主題。題型設計成**闖關方式**，讓學習與遊戲接軌，進行一趟快樂的冒險旅程。而且每本書有六張美麗的**明信片**穿插在故事中，卡片上提供當篇故事的智慧小語，猶如書籤，又如佳句語錄，可以成為寫作的養分。

先成為自己的山，再探尋心中的海

親愛的，這世上有三樣東西是別人搶不走的：吃進胃裡的食物，**藏在心中的夢想，讀進大腦的書**。你想要成為什麼樣子的人呢？有競爭力且受歡迎的人才是可以慢慢培養的！最好的投資不是買房、買

車，而是讓自己好好學習，栽培自己成為喜歡的模樣，最終做一個連自己都羨慕的人。

要先成為自己的山，一座穩定堅毅的靠山，準備好一切歡喜出發，再尋找心中的海。在歲月裡種下鮮花，有耐心、有方法，我們才能看見美好的童話。

來！快快打開這套書，成為智慧小偵探，開啟冒險的闖關旅程吧！

《麗雲老師打造小學生故事力》搭配的閱讀策略

	低年級	中年級	高年級
1	**識字** 花瓣識字	**詞語** 拆字組詞 部首部件 熟字	**理解監控** 由文推詞義
2	**詞語** 前後文推論	**連結** 因果關係	**圖像** 九宮格
3	**推論** 代名詞	**故事結構** 山形圖	**推論** 人物特質

設計說明

1. 讀故事，學策略
2. 一篇故事搭配一個策略
3. 結合學力測驗與閱讀理解題型

・好看好玩又好學

4	5	6
預測 標題	**故事結構** 故事梯	**朗讀** 正確、標點
提問 六何法	**摘要** 圈重點 刪除法	**推論** 找支持的理由
自我提問 事實 推論 評論	**摘要** 故事結構	**找觀點** 找不同觀點

《麗雲老師打造小學生故事力》故事和閱讀策略

	低年級		中年級		高年級	
	故事	策略	故事	策略	故事	策略
1	松鼠小琪和兔子大毛	**識字** 花瓣識字	神奇馬桶的未來夢	**詞語** 拆字組詞 部首部件 熟字	一百零一歲的畫家	**理解監控** 由文推詞義
2	誰是真正的虎		幫助別人的月亮		年邁夫妻住旅館	
3	戴著綠色帽子的小巨蛋	**詞語** 前後文推論	兩兄弟	**連結** 因果關係	百年一遇二刀流	**圖像** 九宮格
4	金斧頭和銀斧頭		最好的安排		男孩與釘子	
5	煮過的種子	**推論** 代名詞	會呼吸的元寶	**故事結構** 山形圖	超級大說謊家	**推論** 人物特質
6	信守諾言的老虎		漁夫和金魚		改變一生的擁抱	

7	8	9	10	11	12	13	14
爸爸，我可以買您的時間嗎？	救救我吧，親愛的孩子們！	小獅子找幸福	來自山上的禮物	種出一棵「愛情」樹	我是什麼顏色？		
預測 標題		**故事結構** 故事梯		**朗讀** 正確、標點			
愛吵架的山	大作家與理髮師	小狗出售	我為你感到榮耀	從偏鄉小鎮到酒店帝國	四知先生		
提問 六何法		**摘要** 圈重點 刪除法		**推論** 找支持理由			
蓮花的逆風航行	公主的鑽石眼淚	引路人	購買上帝的男孩	一○一號耶誕老人與AI小助手	寶石市場的石頭	鞋匠與總裁	Nova與貝爾的交鋒
推論 人物特質	**自我提問** 事實 推論 評論		**摘要** 故事結構		**找觀點** 找不同觀點		

麗雲老師打造小學生故事力【高年級】故事搭配的閱讀策略與品德、情緒主題

	高年級	閱讀策略	情緒/品德/未來力
1	一百零一歲的畫家	理解監控：由文推詞義	自我覺察
2	年邁夫妻住旅館		負責任的決策
3	百年一遇二刀流	圖像：九宮格	自律負責
4	男孩與釘子		自我管理
5	超級大說謊家		同理分享
6	改變一生的擁抱	推論：人物特質	謙遜包容
7	蓮花的逆風航行		公平正義

8	公主的鑽石眼淚	自我提問：事實 推論 評論	自愛愛人
9	引路人		欣賞感恩
10	購買上帝的男孩	摘要：故事結構	關懷行善
11	一〇一號耶誕老人與AI小助手		未來職業
12	寶石市場的石頭	找觀點：找不同觀點	社會覺察
13	鞋匠與總裁		人際技巧
14	Nova與貝爾的交鋒		未來職業

不是每朵鮮花都能夠代表愛情，
但是玫瑰做到了；
不是每棵樹都能夠耐得住乾渴，
但是白楊做到了；
不是每個人都能向著夢想奔跑，
但閱讀這本書的你，做到了！
把掌聲送給自己。
Impossible 這個字，
其實是說 I'm possible！

——陳麗雲

高年級